有料更有趣的朝代史

三国 1

乱世纷争

王光波 编著

U0534904

浙江工商大学出版社
ZHEJIANG GONGSHANG UNIVERSITY PRESS
·杭州·

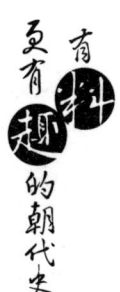

图书在版编目（CIP）数据

三国 / 王光波编著 . —杭州：浙江工商大学出版社，2022.1（2024.1 重印）

（有料更有趣的朝代史 / 胡岳雷主编）

ISBN 978-7-5178-3869-2

Ⅰ.①三… Ⅱ.①王… Ⅲ.①中国历史—三国时代—通俗读物 Ⅳ.① K236.09

中国版本图书馆 CIP 数据核字（2020）第 083085 号

三　国
SAN GUO

王光波　编著

责任编辑	陈力杨　张晶晶
责任校对	李远东
封面设计	吕丽梅
责任印制	包建辉
出版发行	浙江工商大学出版社 （杭州市教工路 198 号　邮政编码 310012） （E-mail: zjgsupress@163.com） （网址: http://www.zjgsupress.com） 电话: 0571-88904980，88831806（传真）
排　　版	北京东方视点数据技术有限公司
印　　刷	唐山富达印务有限公司
开　　本	787mm×1092mm　1/32
印　　张	28
字　　数	532 千
版 印 次	2022 年 1 月第 1 版　2024 年 1 月第 3 次印刷
书　　号	ISBN 978-7-5178-3869-2
定　　价	198.00 元（全四册）

版权所有　侵权必究

如发现印装质量问题，影响阅读，请和营销与发行中心联系

联系电话　0571-88904970

前 言

滚滚长江东逝水，浪花淘尽英雄。是非成败转头空。青山依旧在，几度夕阳红。

白发渔樵江渚上，惯看秋月春风。一壶浊酒喜相逢。古今多少事，都付笑谈中。

说不尽的三国，道不尽的英雄。大明才子杨慎的这首慷慨悲壮、荡气回肠的《临江仙·滚滚长江东逝水》，被文学批评家毛宗岗父子作为开篇词放在《三国演义》的篇首，如今已成千古绝唱。

三国，一个英雄辈出的时代，一段扑朔迷离的历史。在这个时代，中原大地烽烟迭起，战乱频仍，民不聊生。也正是这个时期，豪杰并举，雄踞一方，他们指点江山，激扬文字，共同铸就了这个豪情与悲情并存、英雄与枭雄同在的伟大时代。

时间上讲，三国历史上承东汉，下启两晋，自魏文帝废汉自立（公元220年）到西晋灭吴，匆匆六十年。即便是从广义上的汉灵帝光和七年（公元184年）至晋太康元年（公元280年），也只有寥寥百年，只能算作秦汉与两晋间的一段小插曲，在中华数千年的历史长河中不过沧海一粟。通俗点说：中华历史源流长，三国不过"暑期档"。

然而，这个"暑期档"却因为《三国演义》的妙笔生花而变得家喻户晓。世人谈三国，多因虚构演义的精彩而弱化了对历史的认知，似乎这才是人们茶余饭后的三国史话：曹操的奸诈、刘备的仁义、关羽的忠义、张飞的勇武、周瑜的狭量、诸葛亮的雅量等，都在小说中表现得淋漓尽致，但历史并不是演义，真正的历史要复杂、严谨得多。如何跳出演义视角、抛开历史偏见，还原历史真相、一探迷雾重重的三国史实？《有料更有趣的朝代史·三国》在此做了有益的尝试。

全书共分为"乱世纷争""魏武挥鞭""孙刘联盟""三国鼎立"四个部分，并以《三国志》《后汉书》《资治通鉴》等正史为依据，综合各家史料，自成一家之言。从黄巾起义到三国鼎立，从群雄割据到晋灭东吴，从义薄云天到计谋天下，从皇权制度到建安风骨，覆盖了三国历史的方方面面，并以轻松幽默的语言勾勒出波澜壮阔的历史画卷，对历史中被忽视、被误解的问题进行了细致的阐述和推理，论证严密，观点独到，既真实又精彩地呈现了这段历史的来龙去脉，全面复盘魏、蜀、吴三国的权谋博弈与幽微人性，既有趣有料，又不乏笑点和泪点，从而颠覆读者对三国历史的认知，使其在热血沸腾的阅读中，了解历史，反思人性。

目 录

第一章 天下纷纷：玩完是一瞬间的事

东汉末年那些事儿 _ 003

"蛾贼来了" _ 009

三个臭皮匠：刘关张 _ 017

刘备：我也是个性情中人 _ 024

昏招之外还有昏招 _ 030

沐猴而冠的何进 _ 036

董卓进京 _ 044

我要废皇帝 _ 050

董卓是个大流氓 _ 057

第二章 两都危急：我们的目标是董卓

曹阿瞒来了 _ 065

各路英雄齐上阵 _ 073

没事放把火 _ 082

孙坚是个好青年 _ 090

我就是一个人的战斗 _ 096

拍拍屁股散了吧 _ 103

该死的终于死了 _ 110

第三章　烽烟四起：天下是副麻将牌

我也有个梦想 _ 119

我要我的地盘 _ 125

恩怨难了 _ 131

西方在群殴 _ 137

代表父亲消灭你们 _ 144

徐州轮回坐 _ 150

吕布是豺狼 _ 156

豺狼伤了一根骨头 _ 162

少年郎的本色 _ 167

不走寻常路的孙策 _ 172

小霸王威力无穷 _ 177

长安大械斗 _ 183

回家，我要回家 _ 189

洛阳，我回来了 _ 194

皇帝是我的，你们听我的 _ 200

吕布的表演 _ 206

袁术怎么混成这样了 _ 211

第一章

天下纷纷:玩完是一瞬间的事

东汉末年那些事儿

刘邦一统天下，汉室始建，后经文、景、武三帝，大汉遂成帝国，与西方罗马称兄道弟，被史家津津乐道为"西罗马，东长安"。后虽有宣帝中兴，亦免不了后世不争。元帝时，外戚和宦官两大势力兴起，遂成汉朝之乱的恒久主题。王莽代汉，建立新朝，终被刘秀回收，东汉遂于洛阳而起。明、章二帝共建"明章之治"，使得东汉直逼祖先，大有繁华之象。然而章帝晚年，外戚窦氏嚣张跋扈，至和帝时，又宠信宦官，从此，外戚和宦官彻底成了东汉无法消除的痛。

所谓外戚，顾名思义就是外来的亲戚，简单说来就是皇帝后宫的皇后和嫔妃她们的"娘家人"，这些人与皇帝本不是一家，由于有了姻缘的这种关系，才成为了皇室当中的一员，而这些人由于后妃们的"枕边风"，往往会获得十分重要的权势，这一直是中国王朝家天下的一个重要特征。而宦官由于有身体上的缺陷，因此他们往往在心理发展上很不成熟，存在这样或那样的问题，但是有问题却并不妨碍他们作为亲近之人有机会接近皇帝并影响皇帝做出决策。这便是宦官的可怕之处，他们往往会影响皇帝对一个重大决定所做出的导向。

从和帝开始，东汉每个皇帝在继位的时候年纪都非常小，而且这些皇帝在上台之后通常也活不了多久就又驾崩，只能再扶上来一个小皇帝，这样就形成了一个十分严重的恶性循环。其中最为典型的是殇帝仅仅出生刚过百日，就成了皇帝，死的时候甚至都不知道自己做过皇帝。

由于皇帝大多年幼继位，于是，就出现了像在晚清时期慈禧太后"垂帘听政"的做法。而这些垂帘听政的太后们，年龄都不大，一般不过二十几岁。她们死了丈夫，精神空虚颓废，无以寄托，把思想感情的关注点，从夫妻生活转移到朝廷大事的处理上来。然而，这些年轻的太后们没有起码的社会经验和统治经验，她们根本没有能力来驾驭国家机器，只好依靠自己娘家的父兄，帮助自己来处理国家大事。这样一来，国家政权便落到了外戚的手中，形成了一个十分强势的外戚集团。于是他们便中饱私囊，完全为了娘家服务，朝政顿时成为了一个实实在在的"娘家政权"。

这种权利的控制只能是暂时的，谁都知道皇帝总有一天会长大，小孩总有一天会懂事，会不再听从摆布，有些外戚为了保留住自己来之不易的位置，便动了弑君的念头，只不过有些时候这种手段相当隐秘不能够被外人发觉，这也是为什么东汉中后期的皇帝多早夭的原因之一。

虽然危机重重，但是也有一部分皇帝能够摆脱外戚的魔爪，在担惊受怕当中成长为一个成年男子。皇帝的自尊心使得他们必须要重新建立自己在政权当中的核心地位，但是外戚的存在让皇帝很难达到自己的目的。由此，皇帝身边最为亲近的人，每天都能见到的宦官，就成为了皇帝可选择的唯一选项。正如《后汉书·宦者列传》所说："内外臣僚，莫由亲接，所与居者，唯阉宦而已。"

宦官照管皇帝的日常起居，熟悉皇帝的性情习惯，是皇帝身边的亲信。当皇帝长大成人，要求拿回本来就属于自己的政治权力的时候，必然同企图继续专权的外戚集团产生矛盾。在同外戚集团的斗争中，宦官也就天然地成为皇帝的盟友。

在宦官的协助下，皇帝夺回了政权。夺回政权之后，有功的宦官"遂享土地之封，超登公卿之位"，国家的权力便又落到了这些"有功"的宦官手中。由于他们本来的文化程度较低，再加上长期的压抑，他们的执政手段就是"顺我者昌，逆我者亡"，朝政由此变得更加黑暗。

所谓"树倒猢狲散"，这些宦官的唯一支柱就是皇帝。当皇帝死去，新君继位，宦官由于政治身份卑贱而不能辅政，新皇帝本身又会有一帮伺候他的新宦官，外戚这时候又重新扬眉吐气地走向了"垂帘听政"的老路。其后来便又是外戚来，宦官走，皇帝成人用宦官，外戚走，皇帝驾崩宦官走，外戚来，形成了一个十分严密、无法破解的恶性死循环。这就是东汉中后期最为显著的一个特点，也是导致东汉末年朝廷如此衰微，引发遍及天下的黄巾起义的重要原因。

东汉到了汉桓帝时，一度瓦解了外戚梁冀势力，代之而起的是宦官单超等"五侯"。五侯比起梁冀来有过之而无不及，他们对百姓极尽勒索抢劫之能事，导致民不聊生，人间怨声载道。汉廷经此一乱，国势益弱，衰颓如将逝老妇。后来桓帝去世，没有留下半个儿子，桓帝的亲堂侄刘宏遂在窦武为首的外戚势力拥护下即位，这就是灵帝。

汉灵帝即位之初，窦武就动起了剪除宦官势力的脑子，然而反被宦官的一场政变所反扑，宦官遂再次擅权。又加上汉灵帝这个人昏庸无能，骄奢淫逸，非但沉迷于酒色、公然卖官，更是一味宠幸着宦官，尊宦官张让等人为"十常侍"。

当时一些比较清醒的官吏，早已看出宦官集团这种执政模式的黑暗腐败，即将导致大规模农民起义的形势。郎中张钧在给皇帝的奏章中明白指出，黄巾起义是外戚宦官专权逼出来的，他说："张角所以能兴兵作乱，万人所以乐附之者，其源皆由十常侍多放父兄、子弟、婚亲、宾客典据州郡，辜榷财利，侵略百姓，百姓之怨无所告诉，故谋议不轨，聚为'盗贼'。"此为后话。但却标志着另外一种政治势力的崛起——满朝的读书之人，大汉的官吏。

东汉末期形成了这样一种景象：在朝的正直官僚、在野名士和京师的太学生结合起来，评议世人，抨击时政，以专权的外戚和宦官为批判对象，亦不乏联名请愿，干预朝政。这就是东汉末年的"清议"。

这场"清议"运动可谓是汉朝统治阶级中关于整个全国政治进行的最后一次内部调节。历来,深受传统儒家文化影响的儒生就是监督国家政治完善国家体制的重要组成部分,他们在朝政当中有着举足轻重的作用。只要到了关键时刻,汉代所建立的严密的监察体制就会运行,劝谏皇帝改变现行的不合理的政策,为百姓为国家留出一条明明白白干干净净的活路。但是这种监察或者说是调节体系有着十分重大的缺陷,因为它完全是建立在皇帝本人是否能够礼贤下士,是否能够排除谗言而听忠言的基础上。

如果运气好,遇上了明君,也还要看当时真正的实际权力是否掌握在皇帝手中,皇帝有没有能力去实践这些建议。事实上,在东汉末年这种前所未有的朝政极端腐败的情况下,读书人就只能如同飞蛾扑火般为这个即将没落的王朝殉葬,为这个扶不起来的朝廷陪死,而这其中的带头人便是李膺。

桓帝时,李膺任司隶校尉,曾不上报而处死宦官张让作恶多端的弟弟张朔,致使宦官们不敢直着腰板走路,不敢大声说话,也不敢随随便便出宫门玩耍。桓帝见宦官们小心翼翼,于是向他们询问发生了什么事,只见他们都一把鼻涕一把泪地边叩头边哭诉着说:"畏李校尉。"(《后汉书·党锢列传》)李膺清正如此,不愧为当世名士。其实如李膺者也不乏其人,其中代表人物就有"三君""八俊""八顾""八及"和"八厨"等当时名士。

只是政治腐败,光靠名人的嘴和正直的性子是无可奈何,有时倒成了大祸的源头,可谓祸从口出。那些宦官们权力在手,又岂能任由这群名人来随性非议自己？于是桓、灵二帝期间制造了两场党锢之祸。党锢之祸使东汉失去大批正直名士，可谓伤及根本。

此时百姓已然被逼得毫无退路，因此，起义成了唯一的选择。汉灵帝中平元年（公元184年），酝酿已久的黄巾之乱爆发了。

汉末大乱的又一个祸源，董卓是逃不掉的。吕思勉先生指出："所以论起汉末的分裂来，董卓确是一个罪魁祸首。"（吕思勉《三国史话·董卓的扰乱》）董卓如狼，入京后上乱汉廷，下残百姓，导致各地群雄蜂起，大打割据战，各霸一方，天下遂成战国故事。汉廷天子成了诸侯的傀儡，汉朝有名无实，灭亡是注定的了。

东汉乱而至亡，若归于一点，也在对于百姓的忽视。无论是宦官、外戚和董卓，其目的都只为自己权力在手，而无暇顾及百姓的生活，更有甚者直接毒害百姓，所有这一切都令百姓有苦无处伸。

东汉末年，因权力而眼红如狼、心狠如虎的人们，无一不忽视百姓的苦，即便有人有心改之，却又因无法步入权力殿堂而毫无施政力量。

"蛾贼来了"

"蛾贼来了！蛾贼来了！"

一群人从城门口狂扫而来，见官杀官，见兵杀兵，而他们的头上都戴着黄巾，大喊着"苍天已死，黄天当立，岁在甲子，天下大吉"的口号，一时间，火焰与烟尘遮蔽了大汉的天空，也许上天就因为如此变成了黄色，苍天真的已经死了，黄天已经开始显现。前所未有的大乱世就这样在外戚与宦官权力的争夺之中突然爆发。

黄巾起义，这就是东汉末年，灵帝和宦官造成的景象。

黄巾起义的首领是充满神秘气息的张角和他的两个弟弟张宝、张梁。张角，钜鹿人（今属河北省邢台市），早年信奉黄老学说，对于流行于汉代的谶纬之学也深感兴趣，对民间医术、巫术更是熟悉无比。当时地方政令混乱不堪，疫病流行，农民生活困苦。张角见势，便认为汉朝已走到了尽头，并且自己就是拥有结束汉朝使命的那个人。于是他开始计划着推翻汉朝，张角的第一步就是创立太平道，自称"大贤良师"。

太平道的主要理论基础直接源于道教经典《太平经》。它以黄天为至上神，认为黄神开天辟地，创造出人类。同时亦信奉黄帝和老子，认为黄帝时的天下无剥削压迫，无诈骗偷盗，无饥寒病痛，唯有此社会方为太平世道，由此而产生的"致太平"思想是太平道的最高理想。太平道是最早的道教派别之一，它可谓东汉末年社会苦难的直接产物。人苦于无助，遂向神求助，这也是情理之中的事了。

当时冀州（今属河北）疫情严重，张角于是带着他的两个弟弟张宝和张梁，在冀州一带通过巫术、符咒帮人治病，趁机进行传教活动。张角的医术不错，医好了许多病人。在这种情况下，百姓自然弃灵帝而跟随他。张角于是大量招收学生、培养弟子、吸收徒众，在十余年间，其追随人数以冀州为中心，辐射至青、徐、幽、冀、荆、扬、兖、豫八州，道徒竟达几十万之多。追随黄天者如此之多，也可见百姓对朝廷之失望。人心向背，又怎么能有不败的道理？

人多了容易混乱，张角为方便统领，根据宗教神话中，黄神分天下为三十六方，而分几十万群众为三十六方，各派渠帅统领。再按汉代流行的天、地、人三正观念，自称"天公将军"，其弟张宝为"地公将军"，张梁为"人公将军"。

汉灵帝中平元年（公元184年），张角号召徒众，向徒众表明了推翻汉朝的目标，令三十六方于三月五日同时起义，并喊出

"苍天已死，黄天当立，岁在甲子，天下大吉"的口号。根据五德始终说，汉为火德，是为苍天，火生土，土为黄，是为黄天，所以这一个口号令其起义有天道规律之正义。随后，张角派人在京城寺门及州郡官府大门上偷偷写上"甲子"二字作为记认，又令其教徒马元义到荆、扬两州召集数万人做好往邺集合的准备，马元义又到洛阳联络宦官封谞、徐奉，准备来个里应外合。这本是一场有组织、有计划的起义，然而张角的一个叫唐周的弟子却向朝廷告密，致使马元义被车裂于洛阳，朝廷派兵大力逮杀太平道教徒。事出突然，张角不得不提前起义，并飞告各方，三十六方遂"一时俱起"。

黄巾军以头戴黄巾为标志，故时人称为"黄巾"，也被唤作"蛾贼"。黄巾军所过郡县，烧毁官府、杀害兵吏、大肆掠夺。于是整个汉朝州郡失守、吏士逃亡，遂震动京都。

汉灵帝一听造反的消息就慌了，急命何进为大将军，镇守京师。京都各关口亦派兵加重防守，又命各州郡训练士兵，准备作战。此时，大臣皇甫嵩上谏要求解除党禁，以皇宫钱财赠予军士，吕强说："党锢久积，人情多怨。若久不赦宥，轻与张角合谋，为变滋大，悔之无救！"（《后汉书·党锢列传》）汉灵帝难得英明一回，采纳了皇甫嵩的建议，大赦党人，并命各公卿捐出马、弩，向天下招贤纳士。

另一方面朝廷发精兵镇压各地乱事。卢植率北军五校士与张角主力周旋于北方战线。而皇甫嵩及朱儁亦各领一军，控制五校、三河骑士及刚募来的精兵勇士共四万多人，于颍川一带进行讨伐。朱儁又招募下邳的孙坚，孙坚遂带同乡里少年及募得各商旅和淮泗精兵，共千余人出发与朱儁军联军。汉朝与黄巾军的正面争夺从此展开。

四月，朱儁军败于黄巾波才，皇甫嵩与其一起退守至长社。波才乘胜追击，围住长社城，皇甫嵩陷于困境。时邵陵太守赵谦又败于汝南黄巾军，幽州刺史郭勋亦被广阳黄巾军杀死。黄巾军可谓直破汉军，汉军频频败退。

被困于长社的士兵个个恐慌，皇甫嵩为了不使军心溃散，安慰他们说："兵有奇变，不在众寡。今贼依草结营，易为风火。若因夜纵烧，必大惊乱。吾出兵击之，四面俱合，田单之功可成也。"（《后汉书·皇甫嵩传》）皇甫嵩打算以火来打败敌人，天遂人愿，傍晚时分忽吹大风，皇甫嵩趁机命精锐手持火把偷偷出城，点着了黄巾军营寨周围的杂草，火势随风燃到了黄巾军营寨，黄巾军遂乱成一团。城外和城内的汉兵内外呼应，趁机进攻，皇甫嵩擂鼓助战，大败黄巾军。恰逢汉廷派来曹操救援，皇甫嵩遂和曹操、朱儁三面夹击，斩杀黄巾军数万人。

皇甫嵩又与朱儁乘胜出兵镇压汝南、陈国地区的黄巾军，并追击波才、进攻彭脱，均取得胜利。时黄巾将领张曼成被南阳太守秦颉斩杀，黄巾军于是改立赵弘为帅，带领十多万人攻占宛城。彭脱余军想逃往宛城，然而却被孙坚登城先入，大破黄巾军。

另一方面，北方战线上，卢植亦大败张角，迫使张角退守广宗。卢植做好攻城准备，将要攻下城池时，却遇黄门左丰受灵帝之命前来视察军情。旁人劝说卢植贿赂左丰，卢植摆摆衣袖，嗤之以鼻。左丰见卢植不懂官场规矩，竟诬告其作战不力。昏庸的灵帝听信左丰谗言，派出囚车押卢植回京。卢植其人，是一代名士，少与东汉大学者郑玄师从著名经学家、儒家学者马融，可谓通古今学。曾收刘备为徒，后因上谏激怒董卓，被免官，逃隐于上谷。只可怜卢植生不逢时，遇灵帝、董卓此等昏君乱臣。

卢植既罢免，朝廷于是下令派皇甫嵩北上东郡，朱儁则攻南阳赵弘，令董卓代替卢植攻取张角驻守的广宗。

朱儁到了南阳，与荆州刺史徐璆及秦颉以一万八千兵围攻赵弘，从六月攻起，两月间却迟迟不能攻克。京城这边于是又起风波，有人上奏灵帝征朱儁回师，所幸有张温上表说情，灵帝才放弃这个想法。这边朱儁又急攻，赵弘败而被杀，韩忠代之。后朱儁声西击东，掩杀东北偷袭敌人后方，城池遂破。韩忠退守内城。韩忠军向汉军乞降，秦颉等人均认为可以接受，而朱儁以"若接受，则百姓会产生有利为贼，无利乞降的观念"为由，拒绝黄巾军的投降。黄巾军困于内城，毫无退路，因此搏命而战。朱儁于是放开一个围口，韩忠见有缺口，果然出战，被朱儁大败，斩杀万余人，这便是《孙子兵法》里讲到的"围城必阙"原理。后孙夏接替韩忠，亦被朱儁大败，宛城一带遂平。

皇甫嵩到东郡后亦报捷音，生擒黄巾将领卜己，唯董卓一线无法攻克固守广宗的张角，于是朝廷派遣皇甫嵩北上进攻张角。

皇甫嵩未至，张角已病死，其弟张梁接替。后皇甫嵩败张梁，破张角棺戮尸，运其首级回京。十一月，皇甫嵩攻下曲阳，斩杀张宝。三大首领至此均亡，黄巾之乱才告平息。黄巾军作战时如散沙一盘，彼此之间无法相援，致使被汉朝一一击破，败也是自然的。

黄巾之乱虽已大致平息，然而由此带起的小型势力的起义，却纷至沓来。中平五年（公元188年），黄巾余党再次生乱，声势虽小，却使汉室十分头痛。时任太常的刘焉认为黄巾之乱，无非是由于地方长官权力太小。原来每州各设一刺史，然而刺史只有监察权，而无行政权。所以刘焉便向灵帝上书建议，将部分刺史改为州牧，由宗室、重臣担任，并放其地方军、政之权。地方军权大了，实力就大了。

灵帝不傻，但他想的却是另一番道理，这个道理让他想到的并非汉朝的分裂，而是地方军官更有实力来对抗黄巾贼，抓贼的义务交给各地方，中央自然就轻松了。灵帝就是这样，为自己方便，为自己能在皇宫之中安心地玩乐下去，便采纳了这个提议。而这个提议直接导致了地方政权的实力膨胀，助长地方军拥兵自重，后形成群雄争霸局面，致使汉室如同摆设。

黄巾之乱起于外戚与宦官之乱，起于皇帝不治之乱。吕思勉在他的《三国史话》里亦说了："可见得张角能够发动人民，全由于社会的不安。宗教的本身并无多大力量。"确实，黄巾起义所以聚众万千，并不在于其所奉太平道有何神秘力量。而是人们对于现实的不满，转而向宗教倾述，所以此类宗教的本质更接近于政治，宗教本身只是作为过程和手段。

黄巾起义为后来发生的各种农民起义树立了一个形式，树立了一个利用宗教而进行组织的这样一个形式，如后来的太平天国便也属于此类。同时黄巾起义也创造了在全国地区大规模起义的先河，从此之后的王朝末期的农民起义运动都向着更有组织、蔓延得更迅速、规模更大的方向发展。

黄巾起义虽终失败，却也给汉室的威信带来了巨大的撼动。在黄巾起义之前如前文所述，东汉王朝早就陷入了宦官、外戚轮流专权的泥潭之中而不能自拔。可以说如果没有黄巾起义，整个大汉的朝廷会像一块腐朽的木头一样慢慢地沉入到无尽的深渊沼泽之中，这个过程可能会十分缓慢，也许这种循环还会经历一段时间，也许也会有所转机。但黄巾起义就像一个大锤一样将这块本来就已经十分腐朽的木头给敲成了碎末，洒在了泥潭之中。

在征战黄巾军的过程之中，各地的地主豪强逐渐扩张了自己的势力，使得中央集权被极大削弱，地方实力急剧增长，在自己的统治地域形成了一片片的"国中之国"，这为后来的群雄争霸铺起了道路，为三国时代拉开了序幕。

汉灵帝经此一乱，仍旧不思进取，继续享乐，或许他认为汉室伟大，再多来十个黄巾之乱都不足以摇动汉室的根基。当然，一个整日花天酒地的皇帝，自然是不会知道国家此时已满目疮痍。

黄巾起义撼动了汉室的根基，造就了前所未有的大乱世，所谓时势造英雄,乱世自然要用英雄相配,就如江山配美人,美人配英雄。一个英雄辈出的时代即将来临,一些令后世魂牵梦萦的角色即将登场,演出着一幕幕或者激动人心或者感人肺腑的悲喜剧。而这英雄就要先从河北找起。

三个臭皮匠：刘关张

黄沙弥漫，马蹄响起，从黄沙中走出了三个人……

黄巾之乱平定了，自然要数数其间的英雄人物。皇甫嵩、朱儁、卢植等实为汉朝的一批英雄，然而岁月催人，终究老了一辈，东汉末年的群雄争霸已不见他们的身影。要说就要说黄巾之乱中的年轻英雄，如大耳刘备。

所谓时势造英雄，刘备便是这混乱时势造就的一个英雄。刘备，字玄德，约于汉桓帝延熹四年（公元161年）生于涿郡涿县（今河北涿州）。是汉景帝的儿子中山靖王的后代。这后代也不知后了几代，虽然和当今皇帝的关系有点远，但这个头衔多少还是让刘备吃香的，否则刘备就不会拿来自称了，足见刘备此人懂得利用先天优势。当然，乱世里若纯粹靠个名头，那是撑不起来的。刘备这人有实力，而实力更远在其名头之上。

刘备少年时父亲便已不在，和母亲靠着编编草鞋、做做席子过日子,简单而又平凡。虽是如此,刘备却从来也不曾灭了他的志气,这与生俱来的志气或许源于一种皇室的矜贵。听过刘备故事的人都知道,刘备房子的东南面上有一棵高约十七米的大桑树,路人看见,纷纷称奇,有人就说了:"此家必出贵人。"(《汉晋春秋》)幼时,刘备和他的小伙伴们在树下玩耍。小伙伴们个个灰头土脸,有的鼻涕流到了嘴巴里,嘻嘻哈哈地打来打去。小刘备偶尔头一抬,望见了大树高耸入云,一股热血直上心头,仿佛要与这桑树比比高低。于是他便指着这棵大树,神气地拍着他的小肚子,大声地对他的伙伴们说:"吾必当乘此羽葆盖车。"(《三国志·蜀书·先主传》)这话一出来,倒将他那个树荫下乘凉的叔父吓了半死。

虽说孩子幼稚,难免说些戏话,但若无梦,又怎么能有如此豪言壮志?至十五岁时,他的母亲让他师从卢植。当时,刘备有一个亲戚叫做刘元起的经常资助他学费,刘元起老婆认为各为两家,经常资助是不妥的,元起就说了:"吾宗中有此儿,非常人也!"(《三国志·蜀书·先主传》)不知元起是如何看中刘备的,然而刘备的外貌也确实异于常人。《三国志》里这样记载:"垂手下膝,顾自见其耳。"也就是手很长,耳垂很大。耳垂大是福气的象征,看看弥勒佛也就知道了,也因此,刘备的敌人都称呼他为"大耳贼"。

刘备为人沉默,《三国志》里说"喜怒不形于色",可见是个有心计之人。当然沉默不代表不和人说话,刘备礼贤下士,能服于人,年少时就好结交英雄豪侠。当时有中山大商人张世平和苏双来到涿郡卖马，就交友于刘备，并给予他钱财。后黄巾之乱起，刘备便用这些资本来招募些兵士，于黄巾之乱中小试英雄刀芒。

刘备的最大特征是"仁"，然而刘备不是宋襄公那类仁而不雄的人。刘备是个英雄，"仁"在他手里不仅是一个目的，还是一个手段，所以"仁"字贯穿他始终，以至于这个特征经由后来的《三国演义》大肆渲染后，倒有了一种讽刺的意味，如鲁迅曾说过：欲显刘备之长厚而似伪。

而《三国志》的作者陈寿是这样评价刘备的，他说刘备"弘毅宽厚，知人待士，盖有高祖之风，英雄之器焉。"陈寿是不偏的，刘备有儒家之仁，却无儒家之腐，所以他能在乱世中立足，继而撑起一个蜀汉王朝。这样的形象和在《三国演义》中所提到的刘备相去甚远，甚至是判若两人。

一般而言，人们一提到刘备就会说他的天下是哭出来的，他与曹操的形象形成了鲜明的对比，当然这其中有着罗贯中故意引起这两人对立的成分在里面。但总体而言，即便是在正史上刘备也是感性而坚忍的，与曹操的霸气、豪气形成了十分明显的对比。通常在形容人的时候，如果他过于感性，我们都会认为他没有机会成大事，这话也许对曹操比较合适，但对刘备来说并不是这样。

刘备是历史上少有的将仁德和霸业并重的人物。追随曹操的人基本上都是看重曹操的才情，看重曹操唯才是举一览天下的霸气。而追随刘备的人则基本上是感动于刘备的感性，感动于刘备为了振兴汉室而做出的努力,感动于刘备与下属之间亲如兄弟的感情。所谓天下三分,曹操占据天时,孙权占据地利,而刘备占据人和就是指的这样的特征。这样的特征在那个杀人如麻,为了争权夺利可以不要名节的大混乱时期更显得难能可贵。

时黄巾蜂拥而起,汉室动员各地豪强地主组织武装来共同镇压叛乱。刘备明白他的机会来了,于是也在涿郡招集了义勇军。这招兵不招则已,一招便招来了两大武将,便是关羽和张飞。

关羽,本字长生,后改云长,河东解良(今山西解州)人,因逃亡来到了涿郡。大致古代英雄的外貌都必须有点特征,若说起关羽,自然忘不了他的美髯和红脸。"身长九尺,髯长二尺,丹凤眼,卧蚕眉,面如重枣,唇若涂脂",这是众多艺术作品对于关羽的经典描写,也作为关羽的一贯形象常驻后人心中。但是,《三国志》里对于关羽的外貌毫无描绘,至于关羽的出身,正史里更是无所记载,直到清朝康熙年间,关羽的墓砖被挖掘出来,其家族情况才大致清晰。

关羽武艺高强,陈寿称他为"万人之敌,为世虎臣"(《三国志·蜀书·关张马黄赵传》)。死后其形象逐渐被神化,成为民间祭祀的对象,被尊称为"关公",到了清朝被封为"忠义神武灵佑仁勇威显关圣大帝",甚至在佛教当中被当做释迦牟尼佛的护法神,在儒家文化中更是忠义精神的最高代表。人称"关公""武圣",和"文圣"——儒家的创始人孔子相提并论。无论是在政治还是文化上,关羽都形成了一个特殊的符号,其能够被儒释道三家所推崇更是在中国历史上十分罕见的一个特例。然而关羽性格中也有缺陷之处，那便是他的高傲，陈寿称之为"刚而自矜"。后来东吴正是抓住他的这个性格死穴，致使一代虎臣也难免落入平阳。

关羽的特征是一个"义"字。《三国演义》里，曹操一句"云长真义士也"，明白地点出了关羽的义气，而关羽也因此被称为"义绝"。虽说后代有渲染之嫌，然无风不起浪，历史上的关羽若没有义气，是不会被后人铭记的。

张飞，字翼德，涿郡人。张飞礼贤惜英，大有名士之风。外貌上，《三国演义》称"燕颔虎须，豹头环眼"，纯粹是个莽汉形象，戏曲里的张飞亦经常以黑脸出现。然而根据最新的考古发现，张飞却很有可能是个潘安似的美男子，而且他的两个女儿后来都成了蜀汉后主的皇后，其相貌不会差到哪里。

张飞的武艺和关羽不相上下，"万人之敌，为世虎臣"也是用来评价他的。张飞最大的缺点就是脾气暴躁，不懂得尊重下人，这也成了他日后遇害的原因。陈寿因此评价张飞，说是"暴而无恩，以短取败，理数之常也"（《三国志·蜀书·关张马黄赵传》）。而这样的缺点让人们往前追溯，也许就是张飞后来成为《三国演义》中所描绘的那个被人所熟识的形象的原因。

再说刘备于涿郡招兵，结识了关羽、张飞。三人可谓结识恨晚，其关系亲同兄弟，《三国志》里这样记载："寝则同床，恩若兄弟，而稠人广众，侍立终日，随先主周旋，不避艰险。"可见三人的关系是休戚与共，患难相携的。这里也从另外一个侧面体现了刘备对于人才的控制与使用技巧。如前文所述，在那个乱世之中，对待人如此亲切而温和，如同手足，情同兄弟，衣则同裳，饮则同食，让自己的手下忠心耿耿地为自己服务，这种驭人能力是世间少有的。对于此，后人大有想象之能力，遂渲染出桃园结义这段佳话来。然而这虽是小说语言，却也反映了动乱时代的百姓心理，因此后世才大有结义起兵的故事。这件事情后来经过《三国演义》无人能比的扩散效应发酵之后，形成了中国社会拉帮结伙的重要典范和学习典型。待到刘备招兵买马够了，恰逢幽州刺史郭勋的校尉邹靖向郭勋提议往民间招贤纳士，刘备于是率众投往邹靖，从此开始了三人的戎马生涯。

刘备随着邹靖，打了几场胜仗，因此被封为安喜县县尉。官职虽封，然而接下去的路却不是那么平坦。而后刘备虽几经波折，关羽、张飞以及刘备后来陆陆续续接收的几位有名气的下属却也自愿随着刘备颠沛流离，实在是患难见真情，也可见刘备这个人的魅力确实不容小觑。

后人就这点，将一个刘备拆分成两种人，一种是大善，一种是大伪。其实很大程度上，刘备跟张角一样，利用了同样的工具——民心，但是他们两个打的牌却是不一样的。张角的民心在于信仰，所以他利用宗教来铐牢众人。刘备深沉，他深知民心的意义非同凡响，而他的民心体现为人和，所以刘备利用亲切的态度来凝聚众人。这样看来，刘备的伪善确实是存在的。但是，刘备也绝对不是个完全的伪君子，他还是个性情中人，所以刘备之善也有真善。刘备这人是利用自身本有的善来争取人和，所以刘备是个聪明人，他懂得利用自身的优势来为自己创造机会。

另一方面，刘备这人有时会显露出优柔寡断的性格来，这也是他弱于曹操的一个方面。诚然，曹操无论在成长环境和实力上，比起刘备来说，都上了一个阶层。所以虽然两人同时在平定黄巾之乱中首露锋芒，但接下去的发展却往两极分化，表现为刘备时常被曹操追着跑，从而谱写出一段寄人篱下的辛酸史。而这辛酸史最终却成为了刘备最为后世所称颂的地方，这种坚韧不屈的精神也证明，刘备确实是拥有着大汉皇族的家族基因，帮助其有能力成就后来的振兴汉室的大业。这在当时是任谁也想象不到的。

但是英雄自是英雄，便是曹操，也阻挡不了刘备的光芒。而刘备手下的两名大将关羽和张飞跟随刘备走完一生，其英雄事迹也令人唏嘘。

黄巾之乱，从黄沙中走出了三个英雄。一个仁义满天下，一个忠义满乾坤，一个威武满后世，历史选择了这三个人来到这个时代，历史也选择了这三个人因缘际会相聚在一起，历史更选择了这三人成就一番经天纬地的大事业。

刘备：我也是个性情中人

刘备深沉归深沉，却也是个性情中人。仁义归仁义，却也难免怒火中烧。

刘备随着邹靖平定黄巾之乱有功，被朝廷封为安喜县县尉，随即和关羽、张飞以及一起打仗的兄弟走马上任。县尉是一县之长县令的佐官，安喜县虽只是个小小的县，安喜县尉虽只是个小小的官，但刘备第一次当官，也难免满面春风，踌躇满志。

可好日子不多，刘备上任不久，朝廷就发布命令了：凡是因军功而坐上官位的人，都要经过重新挑选，好的留下，差的淘汰。也就是朝廷要罢无用之官了。这命令带到了中山安喜县，一个大摇大摆、挺着大肚子的官员随之走进了这座小小的县城。

这就是督邮，《三国演义》里那个没名没姓，却惨遭张飞一顿怒打的督邮。督邮官始设于西汉中期，是汉代各郡的重要属吏，代表各郡太守督察各县各乡，地位虽不高，然而权力极重，凡传达教令，督察属吏，案验刑狱，检核非法等，无所不管。后至魏晋地位渐渐低下，到隋朝废郡时，也跟着一并废除。

督邮随着汰官的命令来到了安喜县，刘备慌了，他怀疑自己是不是也在淘汰的官员名单里。可是刘备认为自己上任后，对百姓是乐善好施，为官更是清正廉洁，为何朝廷又不满自己呢？正史上没说明，然而罗贯中点出了一点：贿赂。前面说过，汉灵帝时公然卖官，官位在汉灵帝手里是拿来挣钱的。在这种环境下，再大的监察系统都难免沾上腐败的气息。

看看前面朝廷的诏令：凡是因军功而坐上官位的人。这里说的是"因军功"，自然，军人对国家的贡献是护卫国家，可是灵帝需要的是钱，所以派督邮去"检察"。如若官员拿不出钱，那就卷铺盖走人，天下之大，自有拿得出钱的人来顶替。

刘备自认问心无愧，可是他充其量只是个小小的县尉，朝廷若要罢免他，他也是无可奈何的。刘备也不想被贬得不明不白，所以他往督邮入住的驿站去了。

可是刘备拿不出钱来，督邮哪有那么多时间见他？督邮对刘备来个避而不见，命下人出去对刘备说自己生病了无法相见。主子嚣张，下人自然跋扈。看着督邮的下人这般轻视自己，以皇室宗族自称的刘备岂能受得了，嘴角不由得抽搐了几下，一股怒火直上胸腔。刘备受不了这欺压，怒气冲冲地回到县衙，将他的手下集结起来，带领着他们直入督邮的住所。督邮正在悠闲享乐之时，忽见刘备破门而入，手中的扇子被蛮横地夺过，摔在地上，随后听到了一句喊声："我被府君密教收督邮。"（《典略》）

就这样不明不白地被刘备用绳子绑缚起来，拖到了院子，绑在了树上。

督邮来不及思考发生了什么事，看着怒火中烧的刘备站在自己的面前，慌得语无伦次，直向刘备讨饶。此时刘备拿起鞭子往督邮身上狠狠地甩了下去，督邮被鞭得鼻青脸肿，鼻歪嘴斜，身上的衣服随着鞭子一条条裂开，直达皮肉，血肉模糊，惨不忍睹。刘备鞭打了一百多下后，心想一不做二不休，顿时有杀了督邮的冲动。然而终究因督邮的苦苦哀求才作罢，放走了他。

这就是刘备鞭督邮的故事，见于《三国志》，裴松之引《典略》说得更加详细。后经罗贯中在《三国演义》里的文学描绘，情节顿时丰富了起来，主要人物在小说家的笔下也呈现立体之态。只是罗贯中将主人公搞混了，来个张冠李戴，将刘备换成张飞。其实想想也可理解，一来，张飞在罗贯中笔下就是个粗鲁的屠夫，鞭督邮符合他的性格，也使得张飞这个人物更加真实。另外，正统观念在《三国演义》里是比较深的，拥刘贬曹就是个说明。既然如此，又怎么能让代表正统的刘备去鞭打同是正统的汉室官员呢？而鞭督邮明显是个好故事，罗贯中不舍得放弃，遂来个张冠李戴，一举两得，实在是高明。

这个故事可以看出刘备确实是个性情中人，而不是那种完全虚伪、趋炎附势的人。当然，这也暴露了刘备遇事容易冲动的性格，只不过当年刘备二十几岁，也算年轻气盛，一时控制不了怒火，算是情理之中。而后刘备在官场、战场打滚了几年，无疑稍稍磨平了他的性子。然而到了老年，又犯下举国进攻东吴的错

魏武帝曹操

废汉帝陈留践位　金协中

误，不知道是不是这个性格种下的果了。

再者，督邮的轻视能激起刘备如此之大的怒火，一来也说明汉室实在是大威落地，连刘备这种有点正统意味的人都敢欺负到他的头上。二来，也说明刘备这人志气果然大，安喜县县尉能让他满足多久？在这种小地位上，连督邮这种小官也敢仗着权势欺负到他的头上，这口气又如何能叫想坐皇帝车的刘备咽下呢？

刘备怒鞭督邮后，和关羽、张飞逃出了安喜县，开始了生平多次逃亡经历中的第一次逃亡。后来，大将军何进派人到丹杨募兵，刘备得知消息，于途中加入，随军到下邳，力战盗贼立功，被任命为下密县县丞。县丞和县尉一样，是辅佐县令办事的，也是个小官。不久刘备就辞官了，随后又历任高唐尉、高唐令等职。后来高唐县被盗贼攻破，刘备无处可投，忽然一个身影在他的脑海里显现了出来。

这就是公孙瓒。

公孙瓒，字伯珪，辽西令支（今河北迁安）人。公孙瓒出身贵族，却因为他母亲地位卑贱，只当了个郡中小吏。他相貌堂堂，声音洪亮，人也聪明。当时涿郡太守刘基很赏识他，于是将女儿许配给了他，后和刘备一起跟随卢植学习，因此二人在年少时已有较深的友谊。后来公孙瓒受命征讨北方少数民族，因喜爱骑白马，北方人皆称其"白马将军"，因征讨有功，拜了高官，刘备因此投他去了。当年同学，如今却差距巨大，这种相比无疑会令刘备感叹不已。公孙瓒见刘备来投，非常高兴，于是向朝廷表刘备为别部司马，直属于司马，而司马又直属于大将军。

后来刘备因随青州刺史田楷平青州叛乱有功,因此代理平原县县令,后更领平原国相,时为汉献帝初平二年(公元191年)。

刘备在平原县期间,向外抵御贼寇,对内乐善好施,亲切地对待百姓,就算不是身为士人的普通百姓,都可以和他同席而坐。当时有一个叫做刘平的人,因不服从刘备的治理,便派了个刺客前去暗杀。刺客到了刘备府上,刘备毫不知情,挽起来人的手,同席而坐,命下人准备丰盛的餐点,与来人聊起了家常。刺客看刘备如此有心,竟然深受感动,不忍杀害他,最后向刘备袒露了实情,而刘备也放他而去。

从鞭笞督邮到成为平原县令,这当中人们其实可以看到刘备在为人处事上的一个整体的状态。首先作为一个刚刚做官的年轻人,所谓"新官上任三把火",更何况是中山靖王之后的刘玄德,看到自家的江山被这种名为官员实为败类的蠢货所把持着,心中自然有所愤恨。疾恶如仇、爱憎分明的他只能选择用一种暴力的方式去对其进行解决,而这种特质、这种固执在此后也经常有所展现,有时候能够帮助他从逆境中逃生。

另外一方面,过于偏执容易让他在面对一些重大的问题上失去判断能力,最终被陆逊火烧连营弄了个桃园梦碎的下场。在当平原令期间,刘备看似比较温和,实际上也是因为心中有匡扶汉室振奋天下的大志激励他,才去这样做的。因此无论是鞭笞督邮还是成为平原县令,都是刘备作为这一个个体所拥有的同一人格,这是不能够被分离开来的。

于此,中山靖王之后刘备的仁义声名遂开始渐显。但刘备毕竟不是常人,"人中之龙"的他绝对不会甘于仅仅作为一个县令,只不过"宝剑锋从磨砺出,梅花香自苦寒来",这时的刘备还没有到宝剑出鞘的时候,锋芒还没有真正地显露出来,他只不过在等待一个机遇,在这乱世之中能真正让自己振奋起来的机遇的到来。

昏招之外还有昏招

汉灵帝中平六年（公元189年），荒唐一世的汉灵帝刘宏终了他的一生。刘宏生前给国家带来灾难，这还不够，死后还给汉朝留下个问题。

刘宏生前娶了一个妻子，姓何，南阳宛人，父亲是一个杀猪的，这杀猪的有个儿子，叫何进，字遂高。何进想过上更好的日子，因此想尽办法将他的妹妹送进了宫里。

何氏如果是个单纯的女人，只怕单靠着美貌也无法得到皇帝的宠爱。而何氏这人有点手段，她成功争取到了灵帝的宠爱，还有幸生了一个儿子，取名刘辩。刘宏之前的儿子大多幼年夭折，见何氏得子，龙颜大喜，于是封何氏为贵人。又为了防止新得的儿子早夭，于是将刘辩寄养在道士家。后来何氏更是在后宫争宠中得胜，一步登天，成为国母，是为何皇后。

当时，后宫有一个王美人怀孕了，这本是大喜之事，然而王美人却因为害怕何皇后残害自己，竟吃药想打掉孩子。可见当时后宫妃子都生活在何皇后的威吓之下，过个日子如坐针毡。然而这孩子命硬，或许本已注定大汉江山要由他来拱手让出，所以天意将他留了下来。这孩子就是后来的汉献帝刘协。

刘协出生以后，王美人自然得宠。何皇后醋劲一浓，如何容得下她？因此派人下毒毒死了王美人。刘宏闻知此事，有了废除皇后的想法，后因宦官们的劝阻才作罢。可见这何后在宦官的拉拢方面也是做得不错的。有意思的是，西汉名垂千古的帝王汉武帝刘彻的母亲在当年也贵为美人，同样姓王，而这两个王美人的遭遇却大不相同。这原因就在于刘彻的母亲并没有太过得宠，守着自己作为一个妇道人家的本分，懂得"隐忍"的道理。后来汉武帝继位之后，变成了王太后的王美人便凶相毕露，开始干预朝政，为汉武帝政策的推行造成了不小的麻烦。而刘宏的王美人则太过招摇，竟会在皇后面前不加掩饰，终于得此下场，也足以警示后人。

虽然何皇后位置没失，然而灵帝经此一乱，对其也没了兴趣。非但如此，还将怒气迁到了刘辩身上，对母亲被杀的刘协顿时有了莫名的好感。刘宏怕刘协被何皇后毒害，于是将他交到了董太后手里，由董太后抚养成人。

后来孩子都长大了，刘宏认为刘辩这人轻佻无威仪，加之董太后也多次唆使刘宏立刘协为太子，所以刘宏有了立幼的念头。然而，历来只有立长的规矩，没有立幼的道理，长幼之争看似是皇帝一家子的私事，但是不然。废长立幼是封建时代的一个大忌，因为这涉及原先皇后的位置，以及一干权臣的安排，如果处理不好这其间的种种关节，往往会使矛盾不断激化并最终出现君臣分裂的大问题。因此如此做法必然会遭到群臣的反对，这是刘宏立幼的一个障碍。

刘宏立幼最大的威胁，其实来自外戚何进。当时何进因破黄巾有功而进封慎侯，更以大将军的身份领兵保卫京城，所以他的势力遍布朝野。如果刘宏不立刘辩，刘辩的母亲何后和舅舅何进势必有所行动，到时宫廷难免又乱。

刘宏一世荒唐，到了最后也难免为汉室计较，看他自己轻佻一世，临死却挑起自己儿子的毛病来。也许他有时也会想过汉室的危机，只是他倒也不曾想过，上梁若不正，下梁又如何不歪？后来直到刘宏病重时，于床榻上唤来平生信任的宦官蹇硕，将刘协托付给了他。刘宏的一生到此结束，无论是将汉室的责任留给自己的后代，还是将自己生前无法解决的后代问题，在死后找个人来替他解决，这样的作风都与其在黄巾之乱中下放地方权力，省得中央操心的做法异曲同工。

那这个宦官蹇硕是谁？如何能得到皇帝的信任而受托后事。

当时，大将军何进手握大权，汉灵帝倒懂得吸取前人的教训，设官来分何进的权力。他设的官叫西园八校尉，于中平五年（公元188年）设立。西园八校尉由上军校尉蹇硕、中军校尉袁绍、下军校尉鲍鸿、典军校尉曹操、助军左校尉赵融、助军右校尉冯芳、左校尉夏牟、右校尉淳于琼组成，由蹇硕统领，直接受命于皇帝。八校尉声势浩大，显赫无比，虽这样，蹇硕还是畏惧何进的，可见何进当时权力之大。

蹇硕受托于灵帝，于是制订了一个计划。他打算趁灵帝去世之时，秘不发丧，矫诏请何进进宫，然后杀之，最后权力在手，便可以立刘协为帝。这个计划看似高明，实际上却是一个只能由宦官才能想得出来的昏得不能再昏的昏招，因为当时不但宦官们自己是一个集团，外戚实际上也同样是一个集团。何进只不过是外戚集团的首领，即便把他杀了，外戚依旧有着很强的实力，弄不好会成为新一场为了争夺帝位而发生的宫廷战争。

这次行动无疑是这场最终没有发生起来的战争的导火线。这场可以推测出来的战争为什么为没有发生呢？原因就在于这么一个失败的计划还有一个失败的谋划过程。如意算盘算得再好，如若自己手下有了叛徒，那等于将计划明讲给了敌人听，谁在明谁在暗的局面便立即转换了。

蹇硕手下有一个当司马的叫潘隐。这个潘隐和何进是老朋友，私交甚笃，当他得知了蹇硕的计谋后，急忙给何进带去了暗示的话语。这时，诏令来到，这何进撇撇嘴，称病不入宫里，遂躲过了一劫。何进不死，外戚的势力不除，立幼之事就无法实现，蹇硕也只得悻悻作罢，看着刘辩被立为皇帝，看着何进一脸得意的模样。回头再看，刘协只能封个王，于是独自感叹，敢怒而不敢言。

与何进的外戚势力作对的还有一个董太后。董太后此人，史书上没记载其家世、名字，应该是个平民出身，地位不高。她当初嫁的不是皇帝，是汉桓帝的堂兄弟解渎亭侯刘苌。后来刘苌的儿子刘宏被看中，当上了皇帝。董太后于是母随子荣，统领皇室后宫。

当初刘宏为防刘协被害，交由董太后抚养，所以董太后一直站在刘协一边。当然，女人和女人之间的战斗可以轰烈，也可以无声。董太后和当初的何皇后之间就因为立长立幼的问题明争暗斗着。后来何皇后赢了，当了太后，她这个昔日的太后却不能上升为太皇太后。因为何进和三公联名上了一份奏章，奏章上说董太后原是藩王的妃子，不适合长居宫中。遂将董太后赶回了她的家乡河间。若是终老，却也不差，然而过了不久，董太后便毒发身亡了。《三国演义》说是何太后下的毒，可能性很大。

刘辩登基，是为汉少帝，昔日耍耍小心计的何皇后今天如愿成了何太后。女人欲望一大，什么事都想去做，于是她学着前人一样，临朝称制，当起了幕布后的皇帝。何太后掌权，让何进和太傅袁隗辅政。这袁隗老老实实的，没做什么大事，不过后来他的两个侄子袁绍和袁术却搅进了汉室的混乱，这是后话了。这时，何后掌权，何进辅政，外戚的机会来了。外戚和宦官对斗在汉朝早就成了一种习惯，所以何进刚上任，首要任务自然是灭掉宦官势力。何况此时的天下百姓，都一致口诛笔伐着宦官，于是何进的脑袋动起来了。又一个昏招出现了。

何进要对付宦官，第一个想到的自然是那个想置他于死地的蹇硕。这和当初蹇硕要杀掉何进的整个思考过程简直如出一辙。何进找来西园八校尉排名第二的袁绍，和袁绍一起谋划诛杀蹇硕。蹇硕得知何进要对付他，心里不安，于是去找中常侍赵忠，心想赵忠也是个宦官，也算是一路人。可是当时十常侍中有一个郭胜，这郭胜和何进是老乡，当年何氏能进宫并当上皇后，郭胜是出了点力的，因此郭胜是站在何进这边。郭胜让赵忠别和蹇硕一路，结果蹇硕轻而易举被何进诛杀。蹇硕死后，袁绍统领西园八校尉，听命于何进，何进权力遂更进一步。

就如同刚刚所分析蹇硕那个计划为什么是一个昏招的原因，何进的办法跟那个招数如出一辙，所以可以等量代换。蹇硕虽死，宦官还大有人在，张让等十常侍所领势力依然强大，何况当时何太后和宦官势力关系不错，因此有所迟疑。何进虽有心彻底根除宦官势力，然而宦官此时的势力还是令他不得不有所忌惮。

就在何进犹豫徘徊时，他想到了外面的势力。所谓家丑不可外扬，借外人之手来管理宫中之事，何进此举，愚蠢至极。

一个昏招带出来另一个昏招，昏招之外还有昏招，这就是整个东汉朝廷腐败黑暗的内幕，在这么一个关键时刻，身为大将军的何进为这一连串的昏招选择了一个最为昏庸愚蠢的决定，而这决定的提供者竟是后来魏武帝曹操早年所遇到的一个最为难啃的敌人——袁绍。

沐猴而冠的何进

何进和袁绍为了对付张让等宦官势力，于是给各方猛将豪杰下了勤王的诏令，这四方豪杰包括河东太守董卓、河内太守王匡、东郡太守桥瑁、武猛都尉丁原等。

想来何进和袁绍会做出这等事来，也是自身无谋之故。这何进本来就是个屠夫的儿子，没多少能力，若不是沾了他妹妹的光，皇宫里又怎会有他的足迹？而袁绍是何等人？汉朝有三公，三公地位之高万人俯仰。袁绍就是在这样的家族里长大的。世家大族汝南袁氏，东汉末年那是无人不知无人不晓的，四世中出了五个三公，故号称"四世三公"，门生故吏遍布天下。

袁绍是曾担任过司空的袁逢的庶子，后过继给他的哥哥袁成。袁绍沾着家族的光，又从小喜欢结交名士，所以声望甚大。然而袁绍这人也有很明显的缺陷，这些缺点在后面的官渡之战前由郭嘉等人剖析得淋漓尽致，以至于易中天教授对他是直呼蠢蛋。当然，易中天是夸张的幽默说法，是因为有了一个曹操在前作为比较，所以袁绍就显得蠢了点，这也是事实。

袁绍年轻时好游侠之事，外加相貌出众，礼贤下士，所以结交了一群朋友。有一次，袁绍从濮阳辞官回家乡汝南，一路上呼朋唤友，场面热闹异常。但一踏入汝南界时，袁绍立即将他的朋友们全部遣散。为什么？因为在汝南有一个许邵，许邵是当时品评人物的权威人士，袁绍可不想让他看到自己做事奢华，这会坏他的名声。可见袁绍这人明白形象的重要性，所以后来他母亲死了，袁绍恢复了古礼，服丧三年，又追父亲之丧，服丧三年。舆论一片喧哗，袁绍孝子的名声遂大传天下。

后来袁绍更是四处结交各路英雄豪杰，而以隐居为名不愿到京城当官。他当时就结交了张邈、何颙、许攸、伍琼等人，这一批人都是当时名士。当时宦官赵忠就偷偷地对众黄门说了："袁本初坐作声价，不应呼召，而养死士。不知此儿欲何所为乎？"（《英雄记》）这话传到了袁绍叔叔袁隗耳里，袁隗大怒，因此将袁绍叫来责骂了一顿。袁绍倒也知错能改，因此让袁隗安排后，跟随了何进。

从袁绍的少年生活来看，倒也称得上豪杰名士。然而袁绍只懂得名望的重要，而无谋略，所以他不具远见，只懂得敌人是宦官，却不知道京外势力才是更大的威胁。所以袁绍和何进碰一头，做出这等事来，也是可以理解的。这也充分证明了袁绍所代表的一干"四世三公"都只是花架子，根本就没有经天纬地、匡扶朝廷的才干，东汉王朝衰落至此与这帮整天只会纸上谈兵、花天酒地的所谓世卿世禄的大族是分不开的。"绣花枕头大草包"这话形容袁绍是再合适不过了，这么一号人物，再加上上一节所提到的昏庸无能的何进，能想出什么"好主意"来也就可想而知了。

何进的主簿陈琳认为俩人的主意不妥，一直劝阻何进。只是何进的双眼已经被欲望所遮掩，他还能看到什么？所以不管陈琳在旁如何苦劝，何进都一笑置之，他大致认为这是文人的多虑了。不久之后，一份诏令就被快马加鞭地送到了各个地方。当时河东有一个满脸肥肉横行、眉目神情残暴的太守，他接到了诏令后，激动得说不出话来。

这个太守就是董卓，字仲颖，出生于陇西临洮一户殷富的地方豪强家里，也就是今天的甘肃岷县。岷县在当时属于汉朝的边远地区，临近西北少数民族羌人的居住地，因此董卓自幼结交了一群羌族的豪侠。

养尊处优养成了董卓那放纵任性的性子，加之董卓的武艺和马术均是一流，《三国志》里说是"卓有才武，膂力少比，双带两鞬，左右驰射"。仗着这身世和武艺，当地人无不惧他三分，便是周边羌人都得和他攀攀关系。而董卓为人也是豪爽，因此在他的家乡树立起了威望。后来董卓随军也打了不少胜仗，官路亨通，直达河东太守。

从这里我们也可以看到，无论是英雄还是奸雄，他终归都是"人之初、性本善"的产物，没有一个人是在刚开始就想当一个坏人的。尤其是比较著名的大反派，你往往在翻阅他的传记的时候都会惊诧于他早期的经历。董卓在初期的这个形象与他后来那个荒淫无道近似于商纣夏桀的形象相去甚远，这时候的董卓还是朝廷的一员干将，还是镇守一方的边镇英雄，可是谁能想到，就是这样一个保家护国的英雄级守边将领，最后竟然会成为臭名远扬、万劫不复的"国贼董卓"。历史有的时候就是这样让人唏嘘怅惋。

董卓在河东太守任上时，边章和韩遂在西凉起事，朝廷派了董卓出兵镇压，结果董卓大获全胜，韩遂等败走榆中。董卓觉得机会难得，必须追剿，因此领兵追到了榆中。而榆中在当时是羌人的势力范围，因此董卓深入西羌，最终被羌人团团包围，直至军粮殆尽，情势危机。此时的董卓并不慌张，他命令士兵在河中筑起了一个很高的堤坝，从而截断了上游的流水。羌人以为董卓是没了军粮，因此捕鱼充饥，所以也不大在意。然而董卓此举不过是为了迷惑羌人，以此来作为掩护，另寻找时机偷偷撤退。等到敌人发现董卓军不在时，被堤坝阻断的上游河水已深至人高，羌人无法渡河，董卓因此顺利退回。这场战斗中，朝廷派出六支军队，结果五支败回，只有董卓带领一路全军而退，因此官拜前将军，封侯，又领并州牧。

此时董卓已然称霸一方，屯兵河东，整个陇西都在董卓的势力范围之内。羽翼日趋丰满，野心也就大了，英雄与奸雄的转变往往就在一瞬间，人一旦拥有了权力和地位，往往就会偏离原先他所奔驰着的那个轨道，就像袁绍。按照他的资质，如果生在一个普通人家，经过风雨的磨砺，绝对不会变成那么一个昏庸无能的庸才，就是因为他家门过高，反而害了他。而董卓，原本只想当一个安守本分的守边将领，老老实实地给大汉的皇帝看家护院，可是谁想到事与愿违，偏偏有这样一个千载难逢的机会摆在了董卓面前，他又有实力去摘那会导致罪恶的"胜利果实"，他自然不想放弃。

当时的汉朝之乱，有心人都看得出来，董卓不傻，他也明白。因此他于西凉一带拥兵自重，像一只奸诈的野狼般，流着口水，贪婪地望着汉朝，静静地等待着。而汉朝那边也有人看出了董卓的等待，因此灵帝两次下诏，说是给董卓另安排官职。先是，灵帝征董卓为少府，直属皇甫嵩。然而董卓回他："凉州扰乱，鲸鲵未灭，此臣奋发效命之秋。吏士踊跃，恋恩念报，各遮臣车，辞声恳恻，未得即路也。辄且行前将军事，尽心慰恤，效力行陈。"(《灵帝纪》)说是凉州未定，不宜调遣而已。而后，灵帝再次下诏征董卓为并州牧，将他的兵拨给皇甫嵩，董卓也找了个借口婉拒了灵帝。后来得知灵帝驾崩，朝廷内乱，董卓于心中暗暗窃喜。董卓知道自己的机会来了，但他从没想过竟然会来得如此之快。何进的密诏远在他的计划之外，然而它却像神仙一般降临了。当董卓收到何进的诏令时，大喜过望，立即召集人马，马不停蹄地往京城奔去。

只是在董卓的进军路上，汉朝这边却发生了很大的变化。

何进已经谋划好诛杀宦官，然而却迟迟不能实行。这一方面源于张让、赵忠等宦官势力之大一时难以根除之故，另一方面也来自于何太后的从中阻挡。何太后和宦官们是有些交情的，所以她并不赞成何进诛杀张让等人。另外,何进也是比较容易犹豫的人,当时袁绍一直劝说何进应该尽早下手,不然计划泄露可能会令宦官们先下手为强。然而何进还是一直在准备中,迟迟不动手。

这边张让等十常侍已经知道了何进的心,因此集结起众宦官来,进行了一场紧急的讨论。他们决定,与其等人来灭自己,不如自己先下手为强。于是张让便让段珪矫太后诏令,唤何进进宫。当时袁绍在旁,认为这是张让等人的计谋,劝何进不要上当。然而何进不听,竟大大方方地往宫里走去,也不知道是对于自己过于自信,还是对自己的妹妹过于信任。

张让等人在袁绍进宫之前便做好了准备,个个带着兵器在身,并安排了刀斧手埋伏于宫中。何进一踏入嘉德殿,只见尚方监渠穆对面迎来,何进正待打个招呼,渠穆便二话不说亮起了兵器,手起刀落,何进的头便落到了地上。这场宦官精心策划的谋杀终于上演了,主角终于从宦官的自己人变成了外戚集团的最高领导人何进。

但是这又能有什么作用呢?朝内之中已经是人心惶惶,谁都知道这次外戚和宦官还有好一阵需要纠缠,谁都不想蹚这浑水。朝外更是一团混乱,黄巾余党在到处活动,更重要的是西凉的董卓正在气势汹汹地拿着所谓的"檄文"奔赴京城而来。所有的一切都表明,无论是外戚还是宦官,都无法成为这场旷日持久的争斗的最终胜利者。

何进的部下袁绍等人在宫外等候,却迟迟不见何进出来,因此在外面大喊:"请大将军出共议。"里面张让听了,大声回应:"何进谋反,已伏诛矣。"(《后汉书·何进传》)随后拿起何进的头颅,往墙外一甩,何进的头颅被扔到了宫外。在宫外等待何进的部下吴匡、张璋等人一看,知道事情败露,因此厉声大骂宦官,遂带兵冲进皇宫。

何进死了,何进的部下就闹起来了。整个汉宫经过何进部下的清洗,彻底垮了。而压倒大汉朝这个垂死的巨型骆驼的最后一根大稻草无疑是何进,可以说他耽误了整个汉朝的命运,成了黄巾军大锤之后的那个清理战场的小锉刀。

何进本来是想利用他外戚的身份,再加上大将军的官位来匡扶寰宇而定乾坤,这想法本来无可厚非。我们可以想见,即便是再来一次外戚与宦官的恶性循环,最起码汉朝要比以后献帝被当做一个工具一样被人控制要强得多。前面何进所有犯的错都可以避之不提,因为他还属于在外戚宦官争权的这个死循环的历史悖论之中,但是他这最后的一个决定可谓是引爆了当时的政坛,让这个本来在这个死循环范围中的问题突然变成了一件外地太守前来进京勤王的事件,这样一来,宫廷政变行动就成了一个不在皇家控制之下的外来入侵事件,把朝廷置于外来割据军阀的手中,更何况还是彪悍的西凉董卓的部队。这样的主意是打着拯救汉室的旗号而发出的,但是它却在根本上压倒了大汉朝廷。所以,何进所主导的这个事件成为了以后史书当中最为诟病的一点。

关于何进召进董卓一事,罗贯中在《三国演义》里借曹操之口说:"乱天下者,必何进也。"而历史上的曹操在他的诗作《薤露行》里也说何进是"沐猴而冠带,知小而谋强"。另三国时吴人谢承也有评价,引于《匈奴汉国书》,说:"何进借元舅之资,据辅政之权,内倚太后临朝之威,外迎群英乘风之势,卒而事败阉竖,身死功颓,为世所悲,岂智不足而权有余乎?"从谢承的话中可知,权力和能力的协调也是一门学问。再看后来汉朝的整个走向,对何进的指责想来也不为过了。

董卓进京

何进死后,他的部下如虎狼般地闯入了宫里,兵器在宫中耀武扬威,皇宫顿时成了战场。

何进这人,或许无谋,然而素来对部下很好,因此他的部下吴匡、张璋等人一听何进被宦官所杀,顿时怒从中来,带兵直入宫殿捕杀宦官。然而宫殿此时门已紧锁,张让等十常侍正在里面瑟瑟发抖着。他们派兵紧守着宫门,自己在里面跺脚转圈地想着办法。吴匡等人在宫门外面也是久攻不下,此时恰逢袁术带兵而来,吴匡大喜,两人合兵共同攻打宫门。宫门不久即被攻破,两军直入宫中,到处搜捕,仍然不见张让等人。袁术于是放火烧了南宫九龙门和东、西两宫,想尽一切办法要把张让给逼出来。

可怜宏伟尊贵的皇城,此时已然成了一片火海。张让见大祸已经临头,非常时刻只能用非常办法,因此带领着一伙人面见太后,向太后诬蔑何进反了,在外头烧起了宫殿。太后还没来得及反应，就被张让一伙人架起了胳膊，往北宫而去。张让等人劫持的不仅仅是太后，还有少帝刘辩和陈留王刘协，以及一些官员。

张让等带着皇帝一群人往北宫逃去。当时太后由段珪劫持着，慌乱往北跑去，却在阁道上遇到了卢植。卢植拿了一把长戈凛然站立在阁道窗下，用一双不容进犯的眼睛瞪着段珪。段珪见状，原本慌乱的心此时更加地恐惧，无可奈何，只有放了太后，自己逃亡而去。

当时吴匡、袁术等人还在宫里四处搜寻着宦官。此时袁绍先是和他的叔叔袁隗矫诏召来樊陵、许相，将他们斩杀，然后和何进的弟弟何苗领兵追到了北宫，赵忠被何苗斩杀。吴匡见何苗前来，怀疑他和宦官同谋。其实本是吴匡和何苗不和，因此利用这一个机会挑起了士兵们的怒火。只见吴匡指着何苗，装着义愤填膺的样子，大声地对士兵们说："杀大将军者即车骑也，士吏能为报仇乎？"（《后汉书·何进传》）士兵们皆呼喝响应，因此吴匡便和董卓的弟弟董旻一起杀死了何苗，将何苗剁成了肉泥。何氏一族倘若安心在家乡做做小生意，想也不至于如此，这便是古人福祸相依的教训。

再说何苗死后，袁绍领兵将北宫团团围住，命令他的士兵们凡是看见没留胡子的，都一并杀绝。袁绍就这样采取了滥杀政策，在北宫里大肆地捕杀宦官，死者竟达两千多人。此时宫内已经乱得堪比一个战国，兼之火势之猛，更将皇宫燃成了地狱的轮廓。张让等人陷入如此困境，也只有出逃了。于是他们劫持着皇帝和陈留王等，从小门逃出，官员们大多追不上，只有卢植和闵贡尾随其后。到了黄河的渡口小平津时,张让一伙人被闵贡追上,闵贡大声斥责张让等人祸国乱政,随后用他的一把剑斩杀了好几个宦官。张让等见大势已去,纷纷跳河而死。

东汉至此,扰乱汉室许久的外戚和宦官两股势力尽皆除尽,可谓是"白茫茫大地真干净",东汉王朝历时了几代帝王而不断循环着的死循环,终于在这一刻寻找到了这样的一个出口。吕思勉先生在他的《三国史话》里指出:"何进的死,虽然京城里经过一番扰乱,恰好把积年盘踞的宦官除掉了,倒像患外症的施行了手术一般。所以经过这一番扰乱以后,倒是一个图治的好机会。"然而历史的前进从来不是直线的,而是循环交替,慢慢地前行。大致而言,结束是另一种开始,又所谓旧的不去,新的不来,外戚和宦官是没了,但东汉并没有开始一轮崭新的清明岁月,因为董卓进京了。

当时董卓接到何进的诏令,便开始整兵出发。兵还未到京城,何进被杀的消息就传来了。得知城里大乱,董卓加快行程,往京城而去。

另外一边,闵贡救回了少帝和陈留王后,便乘着夜色往南徒步而行。后走到了一户民家,找人家要了两匹马,刘辩自骑一马,闵贡和陈留王共乘一马,继续往南而行。过了一天后,接应的官员才纷纷多了起来。

董卓到了京城后,听说少帝已经到了皇城北边,就快要回宫了,于是召集了一批大臣和他的士兵一起到洛阳城北的北芒阪迎接皇帝。当时董卓一行人看到了皇帝归来,急忙迎上前去。皇帝一行人中有一个叫做崔烈的太尉,他看到董卓后面跟着数千名骑兵,心有不安,于是呵斥董卓回避。董卓大怒,回骂崔烈:"昼夜三百里来,何云避,我不能断卿头邪?"(张璠《汉纪》)到了这个地步,董卓不需要再装了,不需要再等待了,他把下马威的刀用在了太尉这个大官之上。

之后董卓上前拜见了少帝,对少帝说:"陛下令常侍小黄门作乱乃尔,以取祸败,为负不小邪?"(张璠《汉纪》)少帝见了董卓直哭,一句话都说不出来。当时有个大臣就跟董卓说了:"有诏却兵。"就是让董卓退兵。董卓反而顶撞他说:"公诸人为国大臣,不能匡正王室,致使国家播荡,何却兵之有!"(张璠《汉纪》)众臣见董卓嚣张而来,却也无可奈何。

董卓见少帝抽抽搭搭地,遂不想再问他,于是转而问少帝旁边的陈留王刘协祸乱的始终。刘协回应董卓,从头到尾,娓娓讲来。董卓一听,大喜,便将刘协抱起,和他一起走。董卓因此遂有废少帝立刘协之意。其实如果刘协真比刘辩聪明,董卓又如何会立他呢?董卓是来掌权的,不是来兴汉的,他需要的并不是一个厉害的皇帝,而是一个容易控制的皇帝。《匈奴汉国书》里说因为董卓是董太后的亲戚,而董太后当初是站在刘协这边的,所以董卓自然有立刘协的念头。但是这层关系其实不好考证,董太后是河间(今河北)人,董卓是陇西(今甘肃)人,如果有点关系,怕也只是远亲而已。所以这解释有点牵强。

其实董卓废少帝的念头是很明显的,那就是为了免除何太后的势力。记得死于宫室之乱时的何苗吗?何苗是何进的弟弟,何太后的哥哥。当时杀死何苗，有董卓的弟弟董旻的份，何太后对此又怎么能不记挂着？就是没有何苗的死，少帝若存一天，就意味着何太后的势力存在着一天，这显然不利于董卓的专权。而刘协就不一样了，刘协的母亲王美人在他还没懂事的时候就死了，而抚养他的董太后也死了，所以刘协当时没有靠山。一个没有靠山的皇帝，是最容易控制的。

刘协可谓是真正的"真命天子""神龙在世"，本来在自己父皇当政的时候就想立他作为皇位的继承人，只不过有碍于"立长不立幼"的传统，才使得刘协与皇位失之交臂，自己只能够当个陈留王。可是"吉人自有天命"，虽然他自己也许不想当这个皇帝，但是偏偏有人希望他能当上皇帝。当初蹇硕就是为了保障刘协能够登上皇位才对大将军何进起了杀心从而导致了后来的一系列悲剧性事件。蹇硕死了，何进死了，董卓却来了，又想让刘协做这个皇帝，历史有时候真的是让人无奈。这么一个孩子，竟然会得到如此多的"赏识"，也就命中注定了刘协坐稳了"傀儡皇帝"的这个悲剧性角色。

对于董卓北芒阪迎主一事，据说于汉灵帝末年民间就有童谣传出。童谣是这样唱的：侯非侯，王非王，千乘万骑上北芒。关于"侯非侯"一句，因刘辩少时寄养在道人史子眇处，故称"史侯"，所以"侯非侯"说的便是少帝刘辩登基的事，而"王非王"说的是陈留王刘协即将取代刘辩为帝的事，而"千乘万骑上北芒"说的自然是董卓带领着他的士兵和一批大臣到北芒阪迎接皇帝的事。

这童谣以谐趣的方式道出了当时政局的混乱。当然，这童谣不可能产生于汉灵帝期间，现代的研究基本都认为是献帝时编造的，其目的自然是愚民，从而巩固统治者的位置。事实上，这样的文字记载充斥于满篇的中国古代史的文字史料之中。

若从整个宫变的过程来看，其实董卓进京霸权一事，倒也不能全怪何进。何进死后，袁绍可以说是当时最能够统御朝廷大臣，完成对付董卓的重要任务的人。当初何进将董卓唤了进来，别说这其中本有袁绍的谋，便是全部是何进的主意，倘若袁绍等人在何进犯错后处理得当，董卓或许还不能得利。然而袁绍等人却如丧失了人性，只顾着杀尽宦官，仿佛天底下的敌人就只有宦官一样，结果让董卓找到了个缝钻。因此，王夫之后来在读三国时，也难免感叹几句："袁绍兄弟包藏祸心，乘时构乱，而无戮力王室之诚。"（《读通鉴论》）

感叹归感叹，后人的感叹也改变不了这样一幕场景：北芒阪上，胜利的董卓露出了一丝奸笑，引领众臣们带着皇帝回宫。从此，开始了他的暴政之路。

我要废皇帝

董卓毕竟是军人出身,他掌控朝廷的第一步,便是将军事搬上了他的政治舞台。

任何一个执政者都需要有自己的靠山来巩固自己的统治,这种靠山可以是虚化的也可以是实际的。在治世时期,皇帝可以说自己的权力是上天赐予的,所谓受命于天;而乱世时期,这种空洞的说辞再加上封建的礼教已经很难掌握局势了,在这个时候,无论官位大小还是什么"四世三公"的身世,在强大的军事力量面前都没有用。而董卓恰恰是掌握兵力的人物,他需要用一个办法让在京城的百官知晓他的实力,从而不敢与这个东汉末年的"窃国大盗"进行抗衡。

进了京城后,董卓所统属的兵力其实不多,他明白,没有掌握强大的军事力量,要想征服百官,威慑朝廷是不可能的。所以董卓想出了一个办法:他每隔四五天,就会派部队偷偷地溜出京都，然后第二天再叫他们浩浩荡荡地开进来。这就给在朝文武造成了千军万马浩荡不绝的错觉，于是整个洛阳遂威慑于董卓的奸计之下。然而，这毕竟不是长久之计，部队在往复表演之时，董卓也趁机在暗中收揽着兵士。

何进、何苗已死，生前所统士兵到最后都给董卓收编了去。另外，当初何进召各方豪杰时，有一个叫丁原的也统兵前来帮忙。董卓看中了他的部队，便有心杀之。当时丁原旁边有一员猛将，名叫吕布，字奉先，臂力过人，武艺高超，号为飞将。吕布见信于丁原，董卓于是便用利益引诱吕布杀了丁原。丁原一死，所统部队遂全部归了董卓。而董卓也收了吕布，"甚爱信之，誓为父子"（《三国志·魏书·吕布传》）。吕布之无信，由此渐显。但是这样的记载也仅仅是显示了吕布此人并没有十足的忠诚感，并不能体现后世所称的吕布"三姓家奴"，因为他并没有将丁原认作"义父"，这样的说法完全是罗贯中艺术加工了这段故事，从而更好地体现出了吕布见利忘义的性格。

这个故事的主角还有一匹赤兔宝马，是董卓送给吕布的见面礼，而这匹马在史籍中只见其名，也知道它是吕布所拥有，但是否是董卓为了拉拢吕布去刺杀丁原这件事情就存在了出入。所以这一段故事也是罗贯中经过了相当的艺术加工后而写入《三国演义》之中的。现实中的吕将军也许并不是在小说中的那副贪婪无耻的形象。

收编了何进、丁原等人的部队后，董卓兵力大增，不需要再像以前那样做表面功夫了，也因此霸道得理直气壮了。当时宦官势力已经被袁绍等人尽皆剪除，所以董卓现在若说有点畏惧的，也就何氏的残余势力了。这势力包括何太后和袁绍等。何进死后，袁绍接管了西园八校尉，曹操等人都属于袁绍之下。西园八校尉在灵帝之时虽然显赫，其后几经波折，已经大不如前了，起码较之董卓的势力，是不能相比的，所以袁绍对董卓还是有所畏惧。当时有一个叫鲍信的人就曾劝说袁绍趁董卓势力未发展之机先杀了他，然而袁绍惧怕董卓，不敢乱来。只是袁绍名望最大，所以董卓的算盘就先打在了他的身上。

董卓偷偷叫来袁绍，和袁绍商议废帝之事。倘若袁绍赞成，废帝之事自然顺利许多，袁绍也和他成了一伙。若是袁绍不赞成，当然也阻挡不了他废帝的进程，而他也刚好找个理由和袁绍撕破脸，趁机消除袁绍的势力。袁绍是绝对不愿意刘协成为皇帝的，当时罢免董太后之时，他和何进就是一伙的，刘协虽小，起码能记挂董太后的抚养之恩。刘协成为皇帝，对他是有害而无利。当时袁绍就找了个借口，他说这是大事，要找他的叔叔袁隗商量一下。袁隗在当时还是三公之一的太傅，但董卓又怎么会惧怕他这个名号？

董卓见袁绍找了个借口婉拒，一不能与其共谋，二不能与其决裂，只好将话往里更逼一步，他说："刘氏种不足复遗。"意思就是刘邦的子孙没有一个能比得上刘协这个人了。袁绍听了这话，无所回应，横刀长揖而去。出了宫门后，袁绍知道董卓这回是要针对自己了，留在京城中只怕夜长梦多，因此逃往冀州投韩馥去了，而董卓果然派人捕抓袁绍。

所幸当时有侍中周珌、城门校尉伍琼、议郎何颙等人,这群人都是袁绍年少时结交的死党,这时又见信于董卓,因此他们就在董卓面前替袁绍说话了。他们说:"夫废立大事,非常人所及。绍不达大体,恐惧故出奔,非有他志也。今购之急,势必为变。袁氏树恩四世,门世故吏遍于天下,若收豪杰以聚徒众,英雄因之而起,则山东非公之有也。不如赦之,拜一郡守,则绍喜于免罪,必无患矣。"(《三国志·董二袁刘传》)大意是说袁绍因为害怕废立这等大事因此出逃,别无他意,董卓若逼急了反而不好,毕竟袁绍是名家之后,倒不如赦免他,封个小官。董卓一听,倒也觉得有点道理,因此听从了众名士的建议,拜袁绍为渤海太守,封邟乡侯。

这之后,袁术和曹操也因为不想参与董卓的废帝,纷纷出逃。袁术逃往南阳张咨处,而曹操则逃往陈留张邈处。董卓刚执政时,周珌和伍琼就向董卓提出了一个方案:将京内的官员外派到重要州郡担任长官以加强地方控制。随着这个方案上交的是一份名单,这其中就包括了尚书韩馥、骑都尉张邈、颍川名士张咨等人。随后韩馥去了冀州,张邈去了陈留,而张咨则去了南阳。然后看看袁绍三人出逃的地方,都是这一伙人所掌管的地界。而三人出逃以后,不久一众地方官就纷纷举起讨董旗帜来,组成了庞大的讨董联盟。有人根据这样一个线索,认为自从董卓刚执政时,袁绍等人就制定出了一个大阴谋来。诚然,这只能是一个猜测,毕竟后来联盟军之间的互相猜忌难以让人相信他们之间曾经有如此坚定的共同目标。

有志之士尽皆出逃，而董卓仍旧继续着他的废帝阴谋。他召集来一批大臣，对他们说："大者天地，次者君臣，所以为治。今皇帝暗弱，不可以奉宗庙，为天下主。欲依伊尹、霍光故事，立陈留王，何如？"(《献帝纪》)当初太甲荒乱，伊尹放之，刘贺无度，霍光废之，皆是罢得有理有据的。现如今，汉少帝刘辩刚即位不久，事情都还没做什么，何谈混乱无度？而董卓是什么人？无贤之人。无贤之人想效仿先贤，有如东施学西施，自然是不会有人去称美的。所以董卓想废少帝，在众臣看来，自然是野蛮任性之事。

天下换主，是不得已而为之的事，只是董卓蛮横，摆明着废帝之事是必然要做的，跟大臣议论不过走走形式，给大家一个面子而已，因此大臣们都不敢回应他。董卓见无人回应，更加大声地说："昔霍光定策，延年按剑。有敢沮大议，皆以军法从之！"(《后汉书·董卓传》)厉声至此，大臣更惧，为求自保只得唯唯诺诺，任由董卓蛮横而行。只是汉室虽败，也有正直之臣，这时就有人站出来反对了。

"案尚书太甲既立不明，伊尹放之桐宫。昌邑王立二十七日，罪过千馀，故霍光废之。今上富于春秋，行未有失，非前事之比也。"(《献帝纪》)这话是卢植说的。董卓想不到还有不明局面之人敢出来顶撞他，因此大怒，会议不欢而散。事后，董卓想杀了卢植，幸得侍中蔡邕苦苦相劝，得免。卢植被罢官，逃到上谷，从此隐居不问世事。

董卓废帝之事不会就此罢休，因此他又会合百官，对百官说:"太后逼迫永乐太后,令以忧死,逆妇姑之礼,无孝顺之节。天子幼质,软弱不君。昔伊尹放太甲,霍光废昌邑,著在典籍,佥以为善。今太后宜如太甲,皇帝宜如昌邑。陈留王仁孝,宜即尊皇祚。"(《献帝纪》)董卓当初被卢植反问了一口,所以这次将何太后毒死王美人的往事也拿出来作为废帝的依据了。卢植走了,这次没人起来反对董卓了,董卓遂了他的意,废掉了何太后和汉少帝,立陈留王刘协为帝,是为汉献帝,时为公元189年。

董卓在军事上或许有点谋略,然而到了政治上,就成了一个"草包"。吕思勉在《三国史话》里也说了,董卓是个不懂政治的人,刚一上政治舞台,头一件事就是废帝,可知无故废立该做好接受多大攻击的准备?就是忠臣要废皇帝,都不敢轻易为之,何况是奸雄?倘若势力不稳,一上来就被人抓住了那么大的辫子,那倒台并不是一件难事了,毕竟,"哪有一入手便先做一件受人攻击之事的呢"?

也许是过于自信,也许是对这样的一个行动的影响有多么巨大董卓真的浑然不知,但他毕竟是做出了这样的一个事件,从此走上了一条不归路。当时的少帝刘辩仅仅是个小孩子,但是董卓真是一个十足的"大胆行动派",他竟然就这么生生地给少帝胡乱安上了几个罪名就把少帝给废了,同时还驱逐了当时在朝中极有名望的另一个"草包"袁绍,不得不说董卓这个人是有着相当的实力与胆魄的。但是正如吕思勉先生所说,在这种情形之下,他所作出的这个废帝的选择跟袁绍让何进作出的选择其实没有什么本质上的区别,确确实实是昏招中的昏招。

如果董卓进京之后，能够摆出一副稳定大局的伪善嘴脸，迅速地稳定住当时京内的局势，先换得一个振兴汉室，应诏勤王的这么一个美名。在这之后在京内慢慢培植自己的势力，将这个过程缓缓推进，可以说刘家天下变成董家天下也不是不可能的事情。但是历史毕竟不能允许假设，董卓已经做出了不能挽回的决定，他废黜了一个本不该被废黜的皇帝，把自己一下子摆在了朝廷大臣和整个残存的外戚集团的对立面，过于信任自己的实力，最终却导致了整个夺权计划的破产，导致了董卓最终霸业的失败。

董卓是在历史上少有的以残暴为性格特点的一个人物。董卓废帝只是他所做的众多倒行逆施之事的其一，若要数起他的罪行，那自然可自成一篇，罄竹难书了，而这之上记载的每一个故事都标志着一个守边英雄向一个"国贼""魔王"的完全蜕变。

董卓是个大流氓

董卓赶跑了袁绍等人，废除了何太后，废除了皇帝，大权掌于一人之手，自封太师、太尉，掌管全国军事。后又自己给自己封侯，拜相国，跃居三公之首，止于皇帝之下。"一人之下，万人之上"不过是骗人的，此时，整个汉朝已然成了董卓手中的玩物。

董卓拜相后，拥有了赞拜不名、入朝不趋、剑履上殿等特权。赞拜不名就是说臣子朝拜帝王时，赞礼官不直呼其姓名，而只称呼他的官职；入朝不趋是说上朝时不必急步而行；剑履上殿是说可以佩戴着剑穿着鞋子上朝。这三种权力都是皇帝给予大臣的特权，谁能在朝中做到如此，若不是功劳之大（有如当年萧何），就是喜爱玩弄权术之徒，董卓自然是后一种。

大凡要控制朝野，家族势力就必须庞大。董卓深知这一点，所以也给他的家人大肆加封。他的母亲封为池阳君，还超过礼数所规定的范围，私自配备家臣，地位有如皇家公主。他弟弟董旻封左将军、鄠侯。这还不够，连家族的孩子都沾了光。董卓年幼的孙女封为渭阳君，"卓侍妾怀抱中子，皆封侯，弄以金紫"（《英雄记》）。此时的董卓权倾朝野，已然目中无人，他曾经这样对他的宾客说："我相，贵不上也。"（《魏书》）后来董卓东迁长安后，更是在他的封地里建起了和长安宫城规模一致的宫殿，号为"万岁坞"。

万岁坞里面聚集金银财宝无数，就是粮食都够吃三十年。当初，董卓为了聚敛财富，毁掉了当年秦始皇所铸造的十二金人中的九个，铸成小钱。这种小钱小而轻，上面的刻字模糊不清，无法辨认，被世人讥讽为"无文钱"。九个金人若磨成这种小钱，至少也能磨个五亿枚以上，而其中又大部分被董卓霸占。民间此时因滥造钱币而形成通货膨胀，出现了谷石数万的情形，一万枚钱币才买得到一石谷，贫穷百姓又如何负担得起？而就在百姓陷入经济困境，为一碗饭而忧虑时，董卓却正于他的万岁坞里寻欢作乐、歌舞升平。

董卓到目前为止还只是表现为权力欲望膨胀而已，如若只是对权力有所渴求，董卓顶多只会被批为权臣。然而董卓所以为时人和后人所憎恨，主要还是由于他的残暴。

当时何苗死后，已进棺入土。董卓在某天兴致一来，派人将何苗的棺材挖出，将他的尸体拖起来，肢解后丢弃在道路旁边。何苗之母舞阳君心疼儿子，白发送黑发已然痛苦，结果这黑发死后还不得入土为安，因此舞阳君对董卓的怨恨甚深。董卓就将舞

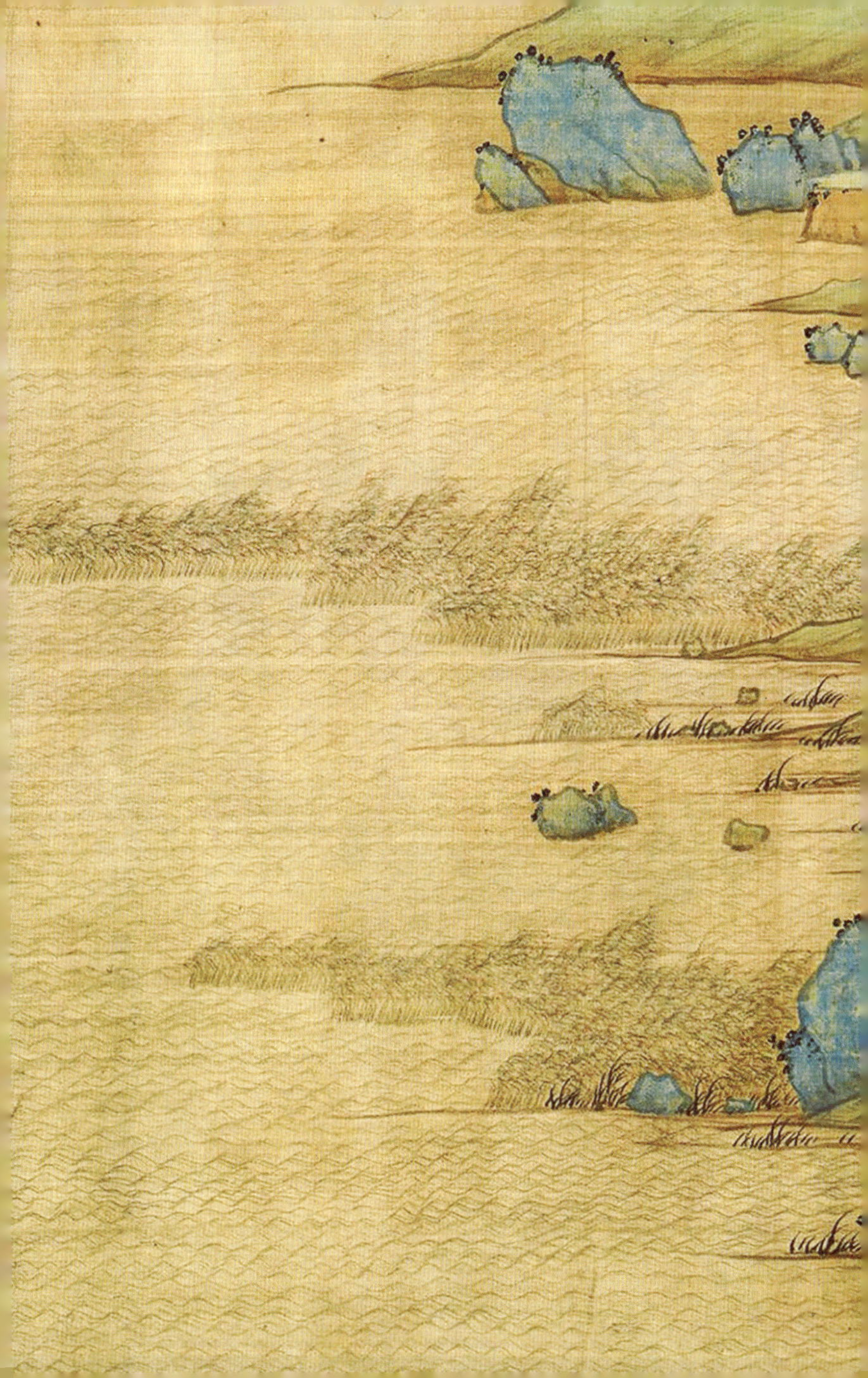

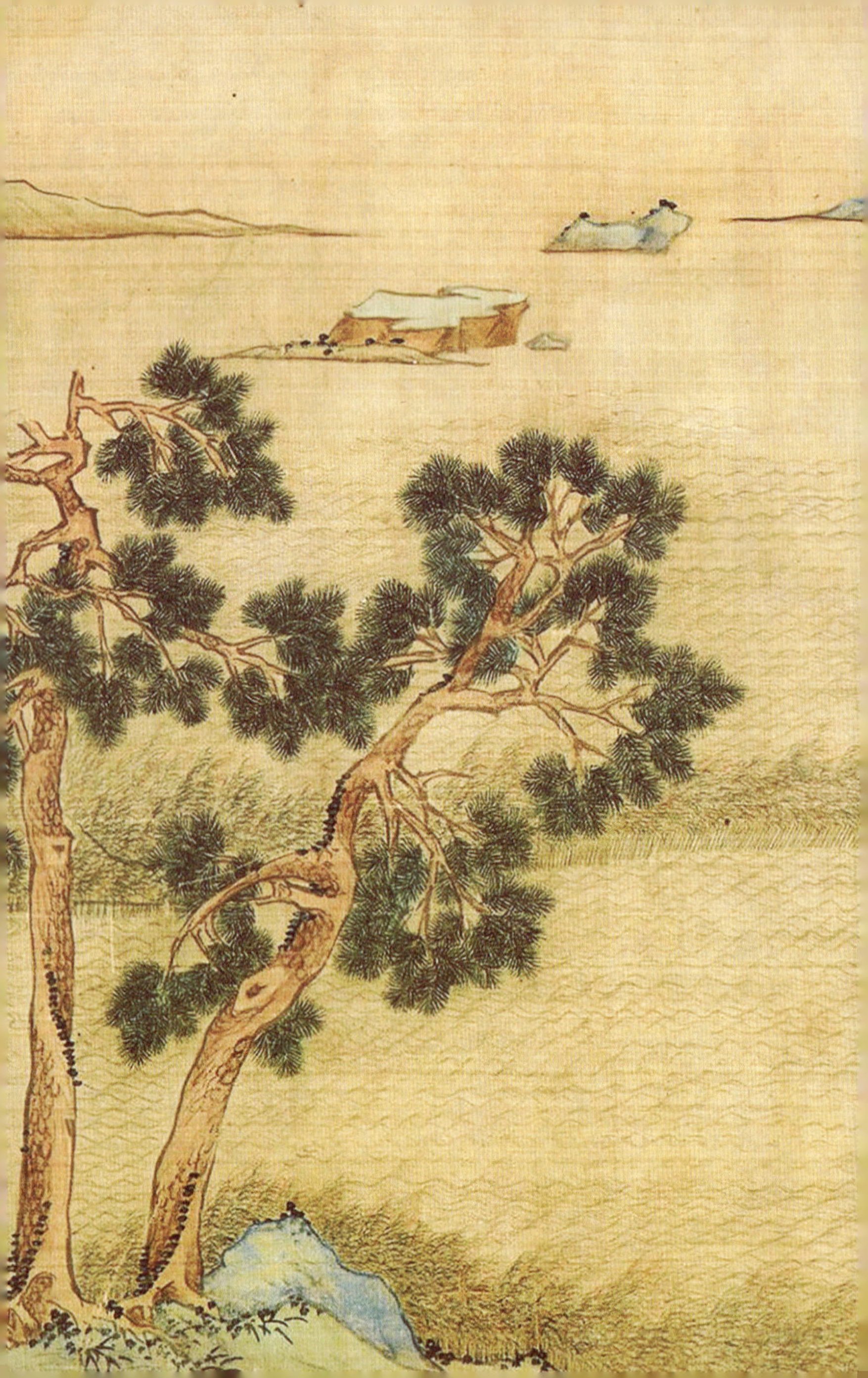

阳君捕抓起来杀死,将尸体丢弃于树林之中。母子二人下场凄惨如此,董卓凶狠可见一斑。

董卓对臣子如此,对百姓更是残忍不仁。当时洛阳富贵之家很多,家家都存放了不少金银等贵重之物。董卓竟然放纵士兵随意登门抢劫,奸淫妇女,将洛阳城弄得鸡犬不宁。有一次,董卓派兵到洛阳附近的一个地方。这个地方恰巧正在作社。社祭是中国民间非常重视的习俗,人们在这个时候常常会举行种种宴会,进行各种游戏。此时百姓正在欢乐作社,董卓的士兵却将在场的男人全部杀掉,抢了他们的车,将斩下的人头挂在车辕之上,然后将妇女绑上了车,载回家去。就这一件事足以说明董卓的残暴实在到了令人瞠目结舌的地步。

还有一次,董卓宴请官员们到他的万岁坞里。宴会上,董卓特别兴奋,令官员们千万不要顾忌什么,畅杯痛饮。官员们酒一杯杯入肚,忽然见董卓神秘地笑着说:"今天我给大家准备了一个很精彩的节目。"于是数百名北方的反叛者被押到了宴会上,令人先砍断他们的舌头,再斩断他们的手脚,然而还凿出了他们的眼睛。众臣看了,慌得手中的筷子都拿不稳,掉落在地上,而董卓却一副没有事情发生的样子,照常饮酒。

另有,董卓曾把俘虏的数百名起义人士用布条将全身缠绑,然后令其倒立,浇上膏油,活活烧死。虎狼董卓,无心无肺,残忍之极,令人发指,更别说迁都之时,火烧洛阳,洗劫皇家陵墓、公卿坟冢,顿时一座华贵名城成了人间地狱。

董卓对人是这般"残忍不仁,遂以严刑胁众,睚眦之隙必报"(《三国志·董二袁刘传》),致使当时"人不自保"。董卓欺人欺到这个地步,想杀死他的人自然无数。当时就有一个大臣叫做伍孚,他实在看不过董卓的所作所为,因此将刀刃藏在衣服里去拜见董卓。待说完话,董卓送他离开时,伍孚趁机拿起刀刃向董卓刺去,然而董卓毕竟是久经沙场之人,这一刺被他躲过了。最后,伍孚终究力不胜他,被他所抓。董卓厉声问他:"卿欲反邪?"伍孚反大声回他:"汝非吾君,吾非汝臣,何反之有?汝乱国篡主,罪盈恶大,今是吾死日,故来诛奸贼耳,恨不车裂汝于市朝以谢天下。"(《英雄记》)这个伍孚姓和字都和之前提过的伍琼一样,所以裴松之认为是同一人。而伍琼最后在联盟军讨伐董卓时,因劝阻董卓迁都,被董卓以通敌为由杀死,所以同一人的可能也是有的。只是不管是否为同一个人,相信他们诛杀董卓的心都是一样的。

当时又有张温和司徒王允共谋,结果张温被董卓以通袁术为由杀死。而王允或是隐藏得好,得以没被董卓发现,也幸而如此,才有了后来的王允计除董卓。

非但臣子如此,只要有识之士,亦不分男女,无一不对董卓怨恨不已。三国时期的才女蔡文姬就有一首诗歌《悲愤诗》,形象地描绘了董卓的万恶,令人读来肝肠寸断,泪流不止。

董卓残暴如此,致使无数臣子忌恨,他自然也懂得要在大臣中拉党结派,培植自己的势力。由此,他倒是做出了一件好事,那就是解除了党锢之祸,起用了很多名士。由于当初的党锢之祸,很多名士的后代到董卓时仍旧被禁止做官。董卓替之前被冤枉的名士们一一昭雪，又征召起用了许多名士，其中蔡邕就是一个。

蔡邕是蔡文姬的父亲，东汉末年的文学家、书法家，还通天文、音律等，是个博学之人。古代四大名琴之一焦尾就是因其而来。之前蔡邕因直言上书皇帝而被放逐到朔方，后遇赦归乡，又因人诽谤而被迫离家逃命，长达十二年。直到董卓召蔡邕为官，蔡邕不是很愿意，于是称病不就。董卓大气，对蔡邕说："我力能族人，蔡邕遂偃蹇者，不旋踵矣。"（《后汉书·蔡邕列传》）就是威胁蔡邕，说他的权力是足以灭人九族的。蔡邕因此恐惧，不得已就去当官了。

虽然蔡邕是被董卓威胁才上任的，然而董卓对蔡邕也是敬重有加，以至于后来董卓为王允所害时，蔡邕竟然为董卓之死而叹气，从而为王允所杀。后人多以此来批判蔡邕的有学无识，然而，如果从另一方面而言，也许董卓真有识才爱才的优点也未可知。其实董卓固然惜才，只是前提是这才子必须对他的政治无所威胁，他才会去惜之爱之，可见董卓霸权之心，胜过一切。

董卓一生危害朝野之事大致如此，无道董卓，其所为罪恶之事，便是见于史书的也难以言尽，又何况没被记录下来的，若与之相比，汉灵帝都算可以令人原谅的。后人基于辩证的要求，都希望能对董卓重新进行中肯的评价，这固然是必需的。然而对董卓重新评价过后，我们会发现即使我们尽量去挖掘他的优点，都掩盖不了他的野蛮残暴，掩盖不了他对百姓所造成的巨大危害。

我们评价董卓，避不了他的残暴。

董卓的残暴不但伤害了文武百官也伤害了自己，从董卓的背景来看，董卓应该是懂得"强权即真理"这样一个定律。在董卓的一生之中，人们可以想见他见到了太多的流血，见到了太多的人头落地，见到了太多的残忍。这些东西一旦充斥一个人的心灵，便很难再让这个人恢复到一个正常的状态。

由于长期处在那样的一个条件之中，所以董卓不可避免地将他的这种行事作风从西凉带到了关内，再加上这时候他已经能够决定所有人的命运，所以他必然要实现一下自己的人生哲学——"顺之者昌，逆之者亡"，董卓用自己的行动将之告诉了那些敢于反抗的大臣。但是令他没有想到的是，这套在军事上的制胜法宝用于这些饱读诗书的士大夫和将军们身上根本就不管用，也许他能暂时让这些人慑于淫威而不敢反抗，但仅仅是暂时的，怒火只不过是被积攒下去而并没有消失，文武百官和全天下人的怒火一直在积压着，等着有一天在一个节点上爆发出来，等到那一天真正到来的时刻，就是董卓真正的末日。而这一天马上就要来到了，黑暗之中即将出现黎明的曙光。

第二章

两都危急：我们的目标是董卓

曹阿瞒来了

董卓万恶,若无何进诏令,又如何得有机会进京施暴?难怪乎当时何进被宦官所杀,有个人偷偷在后方讥笑着:"阉竖之官……当诛元恶,一狱吏足矣,何必纷纷召外将乎?欲尽诛之,事必宣露,吾见其败也。"待到董卓火烧洛阳时,汉朝一副混乱之景又被这个人浓缩到了一首诗歌里,题名为《薤露行》:

惟汉廿二世,所任诚不良。
沐猴而冠带,知小而谋强。
犹豫不敢断,因狩执君王。
白虹为贯日,己亦先受殃。
贼臣持国柄,杀主灭宇京。
荡覆帝基业,宗庙以燔丧。
播越西迁移,号泣而且行。

瞻彼洛城郭，微子为哀伤。

《薤露行》语言古朴简练，采用了汉代以来最常用的乐府诗的形式将大汉的整个形势表述得淋漓尽致。写了汉末董卓之乱的前因后果，读来如浏览一幅汉末的历史画卷。无论是外戚宦官专权，还是君王的昏庸腐朽；无论是对过去汉朝的怅惋，还是对现今朝廷的不满，只用了短短几行，娓娓道来。这短短的几行字尽现汉朝动荡，足以体现出作者对于政治的远见与抱负，也足以体现出作者的才情。这个人是谁，有如此才情，将政治远见和文学修养齐收怀中？

正如人们所知，这人就是魏国的奠基者，姓曹名操，字孟德，小字阿瞒。黄沙之中走出了三个英雄，而乱世则造就了这样一个忠奸并立，亦庄亦谐的复杂英雄。

曹操生于汉桓帝永寿元年（公元155年），沛国谯（今安徽亳州）人。其祖父曹腾是东汉宦官，历经四帝，在宫中服侍三十多年，从未有显著过失，更能推荐贤人。后迎立桓帝有功，拜官至大长秋。当时有一个叫种暠的上书弹劾他，他却不以为意，以种暠为能臣推荐给皇帝，后种暠官至司徒，常言："今身为公，乃曹常侍力焉。"（《后汉书·宦者列传》）

曹腾有个养子叫曹嵩，官至太尉，《匈奴汉国书》里说是贿赂宦官而得，也有说是出钱买的。曹嵩出身不详，陈寿说是"莫能审其生出本末"（《三国志·魏书·武帝纪》），也有人说曹嵩本姓夏侯，是后来跟随曹操的大将夏侯惇的叔父，因此《三国志》

里夏侯和诸曹共为一传，也是事出有因，而这样也就不难解释为什么后来曹操的大将夏侯惇、夏侯渊等人对曹操皆忠心耿耿。

如果说刘备是依靠其人格魅力真诚待人，而让本来是自己的臣下变成亲兄弟一般的战友的话，那么曹操就是真正的有一支属于自己宗族的将领团体帮助其南征北战。这在那个大乱世，人和人之间极度缺乏信任的混乱时代是极为必要的。一方面有共同的利益，同时另一方面又有共同的血缘，这明显比后来附加上去的义气也好友情也好的关系要来得更加紧密一些。再到后来夏侯氏家族的人成为了曹魏政权建立其强大军事能力的中流砥柱，这是其他两国都十分缺乏的一个有利条件。

曹操出身富豪之家，从小便有纨绔子弟的习性。裴松之引《曹瞒传》说曹操"少好飞鹰走狗，游荡无度"，因此他的叔父经常告诫曹嵩，让曹嵩好好教导儿子。曹操见他的叔父如此多管闲事，心里便有点不高兴。有一次，曹操在路上遇见了他叔父，曹操立即摆出歪脸斜嘴的模样来，他叔父看见了觉得奇怪，急忙询问曹操发生了怎么事。曹操用他歪了一边的嘴巴口齿不清地说："卒中恶风。"他的叔父听曹操说他自己中风了，吓了一跳，连忙去问曹嵩。曹嵩听了也吓了一跳，连忙去问曹操。结果曹嵩见曹操面目正常，并无中风迹象，就问："叔父言汝中风，已差乎？"曹操眼睛一转，用抱怨的语气说："初不中风，但失爱于叔父，故见罔耳。"（《三国志·魏书·武帝纪》）就是说根本就是他叔父不喜欢他，所以说他坏话。曹嵩一听，竟然怀疑起他的弟弟来了，因此以后曹操的叔父再说曹操在外面怎么怎么胡来，曹嵩都不相信了。

曹操自小便会耍点小聪明，可见此人机灵，有心计。只是曹操自幼不务正业，所以当时的人都不觉得这是一个可以做大事的人。然而千里马有，伯乐自然也会有，在舆论可谓一边倒的时候，有两个人站出来为曹操说话了，这两个人便是桥玄和何颙，均为当时名士。何颙说曹操是："汉家将亡，安天下者必此人也。"（《匈奴汉国书》）而桥玄见曹操，也觉得他日后必有大为，于是这样对曹操说："天下将乱，非命世之才不能济也，能安之者，其在君乎。"（《三国志·魏书·武帝纪》）非但如此，他还说："吾老矣！原以妻子为讬。"可见桥玄对曹操的看重程度非同一般。

桥玄还让曹操去结识许子将，许子将就是那个让袁绍敬畏到遣散众人的许邵。曹操于是去拜访许邵，遂和许邵结为朋友。结交了权威人士许邵后，曹操"由是知名"（刘义庆《世说新语》）。而许邵后来对曹操的一句点评，也就此成为了对于曹操的经典评价。这就是——"治世之能臣，乱世之奸雄"（孙盛《异同杂语》）。

其实这句经典评价在《三国志·许邵传》里是这样的："君清平之奸贼，乱世之英雄。"这两句话看似有概念的调换，其实如果看作是互文手法，倒也并无矛盾。两句话都说明了曹操这个人有野心，有才能，在清平时能治世，在乱世时能安世。但如果继续按着曹操的性子深究下去，自然是《许邵传》里较为正确。

曹操名声既出，到了二十岁时举为孝廉，被任命为洛阳北都尉。洛阳是都城，皇亲贵族、权势之人聚集之处，要为官公正势必会招惹权势。可是曹操毫无畏惧，一上任就申明禁令、严肃法纪。他打造了二十多根五色大棒，于衙门左右各悬立十余根，明令：有犯禁者，皆棒杀之。当时蹇硕得灵帝宠信，正值显赫之时，他的叔父蹇图违禁夜行，曹操不怕蹇硕在朝的威势，将蹇图抓起，用五色棒活活打死。这事一出，顿时"京师敛迹，莫敢犯者"（《曹瞒传》），然而也因此引来了众多权贵的忌恨。曹操若出身低微，此时只怕权贵围攻，无所遁迹。然而曹操的父亲曹嵩是宫中大臣，碍于曹嵩，曹操明升实降，被调离洛阳，到顿丘（今河南清丰）任顿丘令。后来因其妹夫被诛，牵连曹操被免官。接着又因为曹操有学识，复拜为议郎。

后来黄巾之乱爆发，曹操破黄巾有功，封为济南相。济南地区也是大小官吏权钱交结，贪赃枉法之官四处泛滥。曹操任相时，治事一如洛阳北都尉，严政对之，刚一上任便大力整饬，一下便罢免大量贪官污吏，一时济南震动，"奸宄逃窜，郡界肃然"（《三国志·魏书·武帝纪》）。于此可见曹操和刘备的差别，一人以仁，一人以严，犹如儒与法两家的对立。而后来证明，仁严并施，才是王者之道。

曹操任官期间，见朝廷不明，危害士人，多次进谏却又不被灵帝采纳，因此对朝廷有所寒心，不再进言。后更称病不当官，告归乡里，"春夏习读书传，秋冬弋猎，以自娱乐"。由此可见曹操也曾有心于汉室，只是汉室不争，令臣子失望。

曹操此时虽在家静养，朝廷上下却也还惦记着他的威望。当时有冀州刺史王芬，因皇室混乱，遂和南阳名士许攸等阴谋废掉汉灵帝，换立灵帝的弟弟合肥侯。他们想多拉些人来入伙，就找上了曹操。可是曹操的政治算盘打得精，不是这些人所能比的。他认为废帝之事非同凡比，当年伊尹、霍光能成功换帝，因为有人望，有权势。曹操还列举了西汉吴王发起的七国之乱来作为对比，他认为王芬等人不过地方小官，比起当年的七国，根本不是一个等级，而合肥侯也根本无法和当年的吴王、楚王对比。由此看来，七国之乱尚且失败，何况王芬等人。曹操因此拒绝了他们，后来王芬果然事败自杀。

曹操在家一段时日后，中平五年（公元188年），汉灵帝设立西园八校尉，曹操就任典军校尉。后董卓进京，大乱京城，想要拉拢曹操，曹操认为董卓无道必败，不愿与之共事，因此改名易姓，逃出京城。后世民间演绎出曹操献刀的故事来，表明了百姓对于暴政的憎恶，也寄予了找回明政的希望。

曹操确是个不拘礼节之人，所以他后来的招贤标准是"唯才是用"。或许他认为多余的礼节有时候会成为一种禁锢，如果万事定要顺着一个标准而行，难免会陷入形式主义的泥沼。这样的人是活在现实之中的，没有太多的原则束缚。可是他不给他自己束缚，社会也会给他束缚，所以曹操这人在一种意识形态非常顽固的社会里，是不会有什么好名声的。

曹操生于"儒家为大"的封建社会里是不幸的，可是不幸中的大幸，曹操生于乱世，乱世时礼崩乐坏，环境适合于曹操，曹操才能有大展身手的舞台。所以无论是何颙或者桥玄，他们在评价曹操时并不是说这人多有礼节,而是说曹操必是"安乱世"的人,可见他们看中的是曹操的才,而不是曹操的德。再看许邵的那句话,为什么会说《许邵传》里的更为正确?既然曹操是不拘礼节之人,清平之时礼数繁复,曹操自然难于为世人所容。而曹操虽然没有传统意义上的德,却是有才之人,有才之人在乱世必有用武之地,所以许邵说:"君清平之奸贼,乱世之英雄。"

乱世和清平的差别不过说出了曹操不是什么有"德"之人,无怪乎陈寿要说曹操是"非常之人,超世之杰",而这也是为什么曹操的形象随着时代的逐渐开明而越趋正面。

而且最重要的一点,曹操是真实的而不是虚幻的,是实在的而不是虚伪的,这在当时的士人阶层当中是很少见的。长期以来,由于许多年的和平时光,使得士人们身上缺少了一种真实的性格。在朝堂之上只会发表一些溜须拍马,官样文章的言论,对国家对社稷来说实在是没有什么用途。自东汉以来,外戚和宦官又轮番掌权,把整个朝堂弄得更是乌烟瘴气。尽管士子们对这种恶性循环早有认识并且多有非议,但是在强权面前为了维持自己的地位甚至是自己的生命,士子们不得不媚上欺下,被迫成为外戚和宦官集团的帮凶,但这也就导致了整个官场之上信息更为不灵,更没有人敢说话敢提出相反的意见。

这些人在官场上受了压抑,在家中又有一套剪不断理还乱的家中礼仪,有儒家经典的重重道理,整个人活得是大气也不敢出,许多官员就在这种政治空气下、在这种社会环境下,度过了自己碌碌无为的几十年时光,然后向这个世界告别。但曹操是个例外，他不会选择去奉承他人而只会遵从他自己的意志，完成自己心中的那个目标。不像当时的士子般虚伪，只要他想要达到，那么天下人都会知道他的目的是什么。

无论我们对曹操的评价是什么，此时他仍旧是一个初出茅庐的年轻人，仍旧是一个敢于向霸权挑战的反抗者，他需要找到自己的伙伴，实现自己终结乱世的抱负，把这个魔王董卓彻底送进历史的坟墓中去，而董卓的掘墓人正是这个奔逃出京城的年轻人，大汉的基业在未来将与这个人息息相关。

各路英雄齐上阵

曹操逃出了京师,不在董卓眼皮底下了,此时的他犹如猛虎出山,天地之大已足够让他伸展手脚。

此时天下的形势是这样的。

东汉时期,州刺史原本仅仅是一个基于监察功能而形成的一个官位。慢慢地,随着中央集权的加强,这些派驻地方的监察官员的权力越来越大,逐渐形成了官员署理整个区域行政、军事的一个制度。州刺史就变成了州牧,州就正式形成了一个独立的行政单位。

由于地方的权力过大过强,在东汉末年,一个地方的州牧通常就成了这个地方封建军阀割据的最高首脑,名义上这些人仍旧是大汉的臣子,接受汉室的册封,但实际上都在各自的区域实行着完全独立的体制。

司州(司隶校尉部):分置河东、平阳、河内、弘农、河南尹等四郡一尹，下辖55县，约今陕西、山西、河南省部分之地。

幽州：分置涿郡、代、渔阳、上谷、辽西、玄菟、乐浪、右北平、燕国、辽东等十郡一国，下辖69县，约今河北、辽宁与朝鲜半岛部分地区。

冀州：分置魏郡、广平、钜鹿、常山、博陵、渤海、河间、清河、赵国、中山国等九郡二国，下辖123县，约今河北、山西东部、河南省黄河以北，辽宁省辽河以西之地。

并州：分置太原、上党、乐平、西河、雁门、新兴等六郡，下辖44县，约今山西省与陕西省部分之地。

青州：分置齐郡、济南、乐安、北海、城阳、东莱、平原等七郡，下辖62县，约今山东省与辽宁省辽河以东之地。

兖州：分置东郡、济阴、山阳、泰山、济北国、陈留国、任城国、东平国等四郡四国，下辖71县，约今山东省西界与河南省东北。

豫州：分置颍川、汝南、弋阳、陈郡、谯郡、鲁郡、梁国、沛国等六郡二国，下辖94县，约今河南省。

徐州：分置彭城、下邳、东海、琅琊、东莞、广陵等六郡，下辖50县，约今江苏省、山东省南境、安徽之宿、泗二县之地。

雍州：分置京兆、冯翊、扶风、北地、新平、陇西、天水、南安、广魏、安定、武都、阴平等十二郡，下辖70县，约今陕西省、甘肃省东部。

凉州：分置金城、西平、武威、张掖、酒泉、敦煌、西海等七郡，下辖44县，约今甘肃省。

荆州：南阳、南乡、江夏、襄阳、南郡、武陵、长沙、零陵、贵阳等九郡167县，约今湖南、湖北、广西北境、贵州东北部、四川东部以及广东连县等地，腹地颇大。

益州：分置蜀郡、犍为、朱提、越巂、牂柯、建宁、永昌、汉中、广汉、梓潼、巴郡、巴西、巴东等十三郡，下辖146县，约今四川、贵州、云南及陕西汉中盆地。

扬州：九江、庐江、丹阳、会稽、建安、吴郡、豫章、庐陵、庐陵等九郡160县，约今江苏省南、安徽、江西、浙江、福建数省之地。

交州：分置交趾、九真、日南、南海、苍梧、合蒲、珠崖、郁林、桂林等九郡，下辖104县，约今广西、广东二省与越南。

在这十三州之中，当时冀州袁绍的势力最大，荆州刘表和益州刘璋都偏安一隅，其他中原各州各有军阀操持，因此很难形成一股真正对抗董卓强权的力量。而曹操的目的就是先自己起兵，培植势力，等到势力强大的时候再联络这些地方的割据长官，共同对抗董卓的暴政，从而实现推翻董卓、重新振兴汉室的理想。但刚刚出逃的曹操是一只惊弓之鸟，刚才的叙述仅仅是曹操镇定之后所要做的事情，现在他正在逃亡的路上。这条道路也为他在后世留下了一句不朽的名言。

曹操带着数骑一路东归，来到了成皋县。成皋县里有他的故人吕伯奢，曹操因此到他家去借住一夜。正巧吕伯奢出行，不在家里，招待曹操的是他的五个儿子。当时曹操是背着董卓的命令出逃的，因此他担心这五个儿子会不安好心，将自己的行踪报以董卓，所以曹操时刻保持着警惕。到了夜里，曹操忽然听见外面响起了磨刀声，还有铁器相撞声，铿铿而响。曹操大疑，觉得一定是吕家诸子要图谋杀害自己，因此二话不说拿起了手旁的剑，冲出房去，将所见之人尽皆杀死。待到发现原来是食器的声音时，曹操自责不已。然而大错已成，无可挽回，曹操因此安慰自己说："宁我负人，毋人负我！"（孙盛《异同杂语》）遂带着满腔悔意，黯淡而去。

"宁我负人，毋人负我"的意思乍看之下是"宁愿我辜负别人，不要让别人来辜负我"，这本是一句极其自私自利之徒的言语，再经由后人演绎，更是成了"宁教我负天下人，休教天下人负我"这样一句自大的狂语。后人喜欢拿这句话来攻击曹操，然而曹操真是如此自私自大之人吗？其实，"宁"字有作为"难道"的意思，而"毋"字也可通"无"，即是"没有"，所以这句话有另一种解释，就是"难道只有我对不起别人，别人就没有对不起我"？很明显，这是英雄在犯错过后因不愿过于自责而安慰自己的言语，加上当时曹操说这句话时的语气是"凄怆"的，所以后一个解释显然更说得通。其实后来曹操在作战时，胜利也笑，失败也笑，是个懂得自嘲的人，所以后一个解释也更符合他的性格。而很多人用此事和梦中杀人的故事来指责曹操的多疑，曹操固然多疑，然而乱世之中，人人自危，若不谨慎点又如何自保其身？

后来曹操逃到中牟县时，为一亭长所逮捕，送往县里拘留。县里功曹素闻曹操之名，以为乱世之时，不应该拘押当世英雄，因此偷偷将他放走。想一小官也有如此见识，倘若当时汉室不乱，以才举官，民间卧虎藏龙之士自然有舞台可任其发挥，那么汉朝的兴废自是另一番景象了。

上述的这个故事后来在《三国演义》当中被演绎成了当时的中牟县令陈宫把曹操给抓了起来，因为感慨他的情怀于是便和曹操一起出逃。结果在半道发生了吕伯奢家里的那个事件，陈宫问曹操为何如此残忍，曹操便抛出了"宁教我负天下人，休教天下人负我"的惊世骇俗的言论。结果陈宫认为这个人不可以跟随，于是便弃曹操而去。后来陈宫成了吕布的谋士并多次欲置曹操于死地，曹操在剿灭吕布之后请求他重新帮助自己取得天下，结果陈宫不从，最终被曹操杀掉。

这本来是两个完全不相关的事件，却被罗贯中"别有用心"地联系在了一起，成了曹操手中的又一条罪状，并且还塑造出来了一个有铮铮铁骨的名士形象的陈宫，在小说家看来，这样的塑造和"乾坤大挪移"是十分成功的，同时也对曹操在后来人们心目中的形象产生了难以估量的影响。

曹操最后逃到了陈留，将他的财产尽数拿出，又得陈留孝廉卫兹的钱财赞助，于是在陈留召起了义兵，合五千人左右，于公元189年十二月正式起兵讨伐董卓。

当时的曹操并不是孤军奋战，在曹操举兵之时，东郡那边也有消息传出。时任东郡太守的桥瑁假借朝廷三公名义，书写董卓的恶状，向各州郡发出兴兵讨伐董卓的号召。

诏令传至各州郡，各路群雄遂陆续起兵，打出了讨董的旗号来。当时这各路群雄除渤海太守袁绍外，还包括以下几人：

后将军袁术。袁术，字公路，袁绍同父异母之弟，后袁绍过继给其伯父，所以史书称两人为堂兄弟。只是袁绍是婢女所出，而袁术是正配之子，因此"四世三公"的称号对于袁术来说更为正统。袁术年轻时也是喜爱游侠之事，和袁绍、曹操是一路人。到了后来被举为孝廉，官至虎贲中郎将。后因不愿与董卓为谋，逃至南阳。

冀州牧韩馥。韩馥，字文节，颍川（今河南许昌）人。当时冀州百姓生活殷富，兵粮充足。袁绍被董卓逼出朝廷，投奔冀州时，韩馥曾对其有所顾忌，毕竟袁绍的实力和名望皆在韩馥之上。这时诏令一到冀州，韩馥就矛盾起来了，他唤来众官，问他们："今当助袁氏邪，助董卓邪？"（《英雄记》）可笑韩馥身为大臣，看见董卓如此作乱朝廷，竟然无动于衷，问出"助董卓邪"这样的愚蠢笑话来。当时韩馥的治中从事刘子惠听了这话，心中大怒，直言韩馥说："今兴兵为国，何谓袁、董！"韩馥知道自己说了一句蠢话，因此面现惭愧之色，向大家询问接着该做些什么。刘子惠继而说道："兵者凶事，不可为首；今宜往视他州，有发动者，然后和之。冀州于他州不为弱也，他人功未有在冀州之右者也。"也就是让韩馥先静观其变，等待其他州郡先发兵，然后跟随。刘子惠的这一席话正是各路参与讨伐董卓的郡守的心声，大家都不甘当出头鸟，保存实力，静观局面的变化，所以讨董联盟实际上从未存在。当时韩馥听从了刘子惠的提议，写信给袁绍，令其发兵。

豫州刺史孔伷。孔伷字公绪，陈留人。正史对其记载不多，只有《匈奴汉国书》里提到"孔公绪，清淡高论，嘘枯吹生，并无军旅之才，执锐之干"，也就是说口才虽好，却无军事实力，只是文人一个。

兖州刺史刘岱。刘岱，字公山。汉室宗亲，时人称其"孝悌仁恕，以虚己受人"（《英雄记》）。

河内太守王匡。王匡，字公节，《英雄记》里说其"轻财好施，以任侠闻"。当时何进召四路英雄时，他就派出了五百名强弩手往京城相助。后因杀名士胡毋班，被胡毋班的亲戚联合曹操所杀。

陈留太守张邈。张邈，字孟卓，东平寿张（今山东阳谷）人。少年时候也是以侠义著称，和曹操、袁绍等人交往甚密，兼之家中富裕，因此有疏财仗义的豪爽。张邈在党锢之祸中因敢于挺身抨击宦官集团，被天下士人评为"八厨"之一。曹操参与联军时，属于张邈之下。

东郡太守桥瑁。桥瑁，字元伟，桥玄的族子。《英雄记》称其"甚有威惠"。

山阳太守袁遗。袁遗，字伯业，袁绍从兄。其性子"忠允亮直"，又博览群书，曹操曾说过："长大而能勤学者，唯吾与袁伯业耳。"袁遗被时人张超称赞为"有冠世之懿，干时之量"，可见也是当世之材。

济北相鲍信。当初受何进命，回乡招兵进京援助，于路上时何进已死，直至赶到洛阳时董卓已经进京。当初董卓势力还未坐稳时，鲍信就看出其狼子野心，因此劝说袁绍袭杀董卓，袁绍不从。鲍信只好带兵回乡，在乡征召士兵以待时变。后来天下豪杰都推崇袁绍时，只有鲍信认为统领群雄拨乱反正的只能是曹操，可见鲍信也有识人之明。

广陵太守张超。张超是张邈的弟弟，他的功曹臧洪提议张超加入讨董联军，张超同意，前往陈留和哥哥张邈商量后，举旗讨董。

见于正史记载的参与讨董联盟的就以上几路，当时还有一些较有势力的地方军团因种种原因而没有参与，如公孙瓒等。而当时刘备正投于公孙瓒，所以刘备并没有参与，自然也没有"三英战吕布""温酒斩华雄"的故事。至于在讨伐董卓时功劳甚伟的孙坚一军，其在当时隶属袁术一路，所以没有单独列出。

各路军团举旗表态后，于汉献帝初平元年（公元190年）正月正式组成联盟，称为关东（汉末时指函谷关以东）军。当时，袁绍和王匡屯兵河内（今河南武陟西南），张邈、刘岱、桥瑁、袁遗、鲍信则屯兵酸枣（今河南延津西南），袁术、孙坚屯兵鲁阳（今河南鲁山），孔伷屯兵颍川（今河南禹县），韩馥则留在邺城（今河北临漳），为前方提供军粮。联盟一成，自然要有盟主，当时除鲍信认可曹操外，各路群雄皆认为袁绍甚有名望，因此均推举袁绍为盟主，袁绍由是统领关东军。

关东军当时因其参与军团之多而声势浩大，乍听之下大有席卷的力量，所以其成立的消息传到了洛阳时，朝野上下是一片震惊。而董卓面对如此巨大的威胁时，自是二话不说，立即着手准备应付。

　　历史终于走到了这个时刻，"十八路诸侯"的讨伐战争即将打响，在这所谓十八路诸侯当中并没有多少后来成为名动天下的人物，但是他们的手下当中则藏龙卧虎。他们自己也许都不会想到，这次的群雄集结将决定他们大多数人的命运，随着这次行动的结束，英雄的各自撤离，分道扬镳，他们也奔上了通往自己霸业的路途。

没事放把火

关东军的组成就像天雷一响,轰动一时。然而董卓也不是好对付的,他自有应付联军的准备。而就在董卓做好万全准备后,他才发现原来所谓的联军不过一群乌合之众,想来天雷也不过轰动一时,过后便回归寂静。

联军既成,董卓最先想到的是当时已经被废为弘农王的少帝,因为弘农王的存在会让联军以迎立他复位为名,进行一场代表正义的讨伐战。其实当时无人不想把董卓置之死地,对他的讨伐有没有正名其实都无所谓了,不过既然杀死弘农王可以让他所面对的威胁减少,那又有什么理由不做呢?所以董卓令李儒进献毒酒给弘农王,对弘农王说:"服此药,可以辟恶。"

弘农王自然明白这是毒酒,然而李儒逼迫甚急,抵抗不了,也只有面对。弘农王因此设下自己最后的宴席,唤来妻子唐姬和众妃子。宴席气氛凄凉,过了一半时,弘农王想到自己的一生,悲而作歌曰："天道易兮我何艰！弃万乘兮退守蕃。逆臣见迫兮命不延，逝将去汝兮适幽玄！"抱头痛哭的弘农王明白此时抱怨已然没用，他令唐姬跳舞给她看，作为给他的送别礼。唐姬于是舞起了袖子，边跳边歌曰："皇天崩兮后土颓，身为帝兮命夭摧。死生路异兮从此乖，奈我茕独兮心中哀！"

此歌一出，非但唐姬眼泪随之崩落，在席的众妃子、宫女们也抽抽搭搭了起来，整个宴席顿时弥漫了一片哭声。弘农王拿起了毒酒，对众妃子说："卿王者妃，势不复为吏民妻。自爱，从此长辞！"话一说完，举起酒杯一饮而尽，时年十五岁（《匈奴汉国书》说是十八，有误）。

历史就是这样令人无奈，古往今来有多少的帝王自己可能根本不愿意当这个皇帝，可是当时的形势迫于他必须当这个皇帝，结果做皇帝的时候得听人家的，人家不想让你做时，你还得老老实实地从皇位上滚下来。脱离了皇位想踏踏实实地当个王爷，享受几天平淡的生活，安度晚年，却又被人认为是现在皇帝最大的威胁，于是便只能去死。少帝的一生比自己的弟弟好不了多少，少帝、献帝两兄弟可以说是汉朝历史上最窝囊的两个君主，一个是被杀害，另外一个竟然当了几十年的傀儡皇帝之后还得奉上"献"这么一个前无古人后无来者的谥号，简直是羞辱之极。可怜少帝一生并无大错，可是天命难违，最终只能惨死在残暴的魔王董卓手下。

弘农王死后，董卓又杀死了袁隗等五十多个袁氏族人，随后董卓便做好举大军反击联盟的计划，因此招来众臣，询问计策。

当时座下有一位叫作陈泰的大臣就说话了："夫治在德，不在兵也。"董卓军人出身，听了这话当然不高兴了，因此他反问陈泰："如此，兵无益邪？"（张璠《汉纪》）陈泰口才极好，随即列举了十条董卓不必大举出兵的理由，说得董卓转怒为喜，竟拜陈泰为将军，率军抗击关东联军。后来因为有人向董卓诽谤陈泰，陈泰兵权才被回收。陈泰当初是跟随何进的，何进招董卓时，陈泰就一再制止，怎奈何进不听。因此这次陈泰其实是担心董卓大军集结，实力大增，将来更难以除灭，所以他才诡辩劝说董卓放弃用兵之道。然而董卓除了用武力，还能用什么来解决？到了这局势，大战已然不可避免。

董卓毕竟是外来的军队，前文当中也叙述了他所宣称的掌握多少军队仅仅是一个诡计，实际手中并没有那么多的部队。之所以能够控制朝政这么长的时间，很大的原因是当时的西北只有他这一支军阀，没有任何的外来军队能够与他争夺朝廷的控制权，所以董卓才能作威作福，把持着汉室于股掌之间，这是当时董卓之乱的一个非常主要的因素。废了皇帝并且在京都大肆烧杀抢掠之后，董卓控制皇帝显然已经没有了任何的合法权。天下人必然群起而攻之，董卓一下子就变成了众矢之的，这也许是董卓当初想不到的。他不会想到当时他在曹操、袁绍面前能够那么不可一世，到后来他们竟然成为自己面前最大的绊脚石，他应该会后悔当初没能杀掉这两个人。

面对关东军的来势汹汹，董卓一没有足够的兵力，二更不能坐以待毙地投降。于是他只有一个选择——逃。但是他逃可以，难道就把他精心制造的这么一个容易控制的朝廷给扔掉？扔掉他作为当朝太师的位置？董卓毕竟还没有慌神，他十分清楚自己能够有今天的这个地位完全是这个在他面前瑟瑟发抖的小皇帝的功劳。如果失去了对皇帝的控制，那么董卓就彻彻底底地失去了合法性，再也不可能回到巅峰时期的状态。所以只有一个办法——带着皇帝一块逃。所以，逃亡就光明正大地成了迁都，于是迁都迁到哪里就是董卓下一步需要考虑的重大问题。而故都长安就成了董卓的不二选择。

当时董卓因长安之地富饶且地处关西，有函谷关之险容易据守，加之又临近他的老巢西凉，因此有了迁都长安的打算，遂唤来大臣们商议迁都之事。他对大臣们说："昔高祖都关中，十一世后中兴，更都洛阳。从光武至今复十一世，案石苞室谶，宜复还都长安。"（《匈奴汉国书》）

西汉自刘邦之后还历十一个皇帝，时都城长安，后刘秀恢复汉朝，建都洛阳。而东汉至董卓时已经不仅仅十一个皇帝了，所以董卓认为应该还都长安，汉朝才能再次兴旺。这当然仅仅是一种说辞而已，毕竟都城无小事。一个国家政治中心的迁移会涉及到这个国家的方方面面，尽管大汉的江山已经被瓜分成了各个小小的区域，但是都城仍旧是这一个王朝最后的尊严。

在座大臣一听要迁都，而且迁都理由又是如此荒唐，尽皆惊愕。然而荒唐归荒唐，惊愕归惊愕，董卓之势，没人敢惹，所以在座一片寂静。过了一会儿，一个声音响起了，时任司徒的杨彪回话了："迁都改制，天下大事，皆当因民之心，随时之宜。……

今方建立圣主,光隆汉祚,而无故捐宫庙,弃园陵,恐百姓惊愕,不解此意,必糜沸蚁聚以致扰乱。石苞室谶,妖邪之书,岂可信用?"董卓一听这话,大怒,斥责杨彪说:"杨公欲沮国家计邪?"官员们一见董卓发怒,个个为杨彪所担心。这时,太尉黄琬替杨彪说话了:"此大事。杨公之语,得无重思!"(《匈奴汉国书》)两个官至三公的大臣一齐发难,董卓在座上也不便再说什么,因此愤而离席,事后立即罢免了杨彪和黄琬。

杨彪和黄琬既已罢免,董卓便开始了他的迁都计划。他首先胁迫汉献帝西至长安,然后命令手下骑兵威胁百万洛阳群众跟着迁移,致使群众被马匹践踏者不计其数。可怜无辜民众,为整个朝廷提供生产力,却被迫离家而走,成了政治需要的牺牲品。非但如此,董卓还燃放大火焚烧整个洛阳宫殿,大火延及整个洛阳城,宗庙、府库和无数民家均被无端波及。是时,洛阳城内焰火燃天,董卓的军队四处趁火抢劫,挖掘皇室陵墓、贵族坟冢,大量搜罗金银珠宝,致使百姓流离失所,骨肉分离,哭天抢地,整个洛阳顿时轰然如山崩地裂。一代名城在狂妄的焰火和野蛮的抢掠下,成了罪恶的代名词,不是地狱,胜似地狱。

迁都成了焚都,为董卓毕生的罪恶再添了重重一笔!但对于董卓来说这也是性格使然,他就是这样的一个霸者,一个魔王,自己无法拥有的东西一定要让其他人也无法拥有,东汉王朝历经几百年时间精心修建的洛阳一瞬间化为乌有,这也标志着汉朝永远无法恢复它往日的面容,董卓之乱上演了一个极大的高潮。

董卓将献帝和民众迁至长安后，自己屯驻洛阳对抗关东军，等待着关东军的行动。然而关东军势力虽大，却互相猜疑，无法团结一致对敌，对董卓更是有所顾忌，不敢轻易进军。因此除了在名号上吓吓别人，关东军其实跟各路散军没有两样。其中只有曹操，到底是有才略之人，他认为义军有正义之名，兼之董卓无道，根本不足为惧，又看中董卓焚都的时机，因此向联盟提议说："今（董卓）焚烧宫室，劫迁天子，海内震动，不知所归，此天亡之时也。一战而天下定矣，不可失也。"随后向联盟提出他的作战计划，他认为应该"使渤海引河内之众临孟津，酸枣诸将守成皋，据敖仓，塞轘辕、太谷，全制其险；使袁将军率南阳之军军丹、析，入武关，以震三辅：皆高垒深壁，勿与战，益为疑兵，示天下形势，以顺诛逆。"（《三国志·魏书·武帝纪》）曹操之策固然好，敖仓是当时联络关中和中原的重要粮道，倘若截断，董卓兵粮无法得到补充，洛阳自然可得。然而联盟里却没人听从曹操的建议，只有张邈遣部将卫兹分兵跟随曹操，曹操只好自己带兵往西而行，准备进据成皋（今河南荥阳汜水镇）。

曹操一路往西，进军到荥阳汴水（今河南荥阳西南）时，遭遇董卓部将徐荣，两军遂于荥阳展开遭遇战。然而曹操此时是单独进军，毕竟势单力薄，而敌方部将徐荣也是东汉时名动一时的大将，因此曹操败于徐荣，手下士卒死伤甚多，曹操自己也身中流矢，只好带兵撤退。当时曹操在撤退的路上，不小心从马上摔了下来，曹操有一个从弟叫做曹洪，字子廉，他急忙从马上跳下来，让曹操坐上自己的马。曹操不答应，曹洪因此坚决地说："天下可无洪，不可无君！"（《三国志·诸夏侯曹传》）曹操听了甚为感动，领情取了马，乘夜快马加鞭逃回了酸枣。

此时酸枣里正在举办宴席，宴席上有歌有舞，关东英雄们个个举起酒杯相互敬礼。曹操刚败，又见众人如此不图进取，不由得怒中从来，严厉斥责他们说："诸君听吾计……可立定也。今兵以义动，持疑而不进，失天下之望，窃为诸君耻之！"

"窃为诸君耻之"，多么严厉的责备，多么无奈的悔恨。而悔恨的又岂止曹操一人！关东之军势力之大，倘若有心歼灭董卓，又何惧做不到？吕思勉先生在他的《三国史话》评价董军说："这种无谋的主帅，这种无纪律的军队，实在是不堪一击的。至多经过一两次战事，就平定了。"然而联盟军终究各怀私心，导致凝聚众人的"讨董"成了名号，而不是坚定的目标，而一个没有共同目标的联盟，又如何能同仇敌忾？

从根本上来讲，大汉朝已经是不可能再次重振，没有人会去为了一个将死的王朝做陪葬。尽管有曹操这种为了自己的目的而不除董卓不罢休的人在，但毕竟只是少数，并不能形成气候。当时所有的诸侯，起码是大部分，可以说都是眼红于董卓所拥有的权势和地位，都希望自己进入朝廷之后能够在新组建的朝廷中成为护国肱骨，治世之臣，实现自己飞黄腾达的梦想或者说是野心。所以当董卓把皇帝迁到了长安之后，原先的目标就不复存在了，激励着诸侯们前进的利益不存在了，那么关东联军又有什么存在的必要呢?

讨董的目标没了,然而联军一开始到底碍于名号,彼此间还处于友好的状态。而到了最后,连讨董的旗帜都倒了,联军之间彼此火并,关东军自此消失于历史之中。

孙坚是个好青年

还是那句话"乱世出英雄",曹操已经在历史的舞台上登场了,而现在我们将把目光投向南方,在那里又有一位英雄将会发挥自己的才干,在这东汉末年的大乱世中不但为自己,也为自己的子孙后代赢得一席之地。

虽然关东军人人各怀私心,名存实亡,然而如上文所述,还是有一心坚定讨董的人士存在的,比如曹操就是其中一个。然而曹操兵力不足,败于徐荣之后又对联盟失去信心,只好退回后方招兵买马,再等时机,所以曹操对于讨伐董卓不能算是持之以恒的。若要说出一个坚定讨董的人,第一名定是孙坚,有如王夫之所说:"故天下皆举兵向卓,而能以躯命与卓争生死者,孙坚而已矣。其次则曹操而已矣。"

孙坚,字文台,吴郡富春(今浙江富阳)人,生于永寿元年(公元155年),据说是春秋大军事家孙武的后代。孙坚的祖

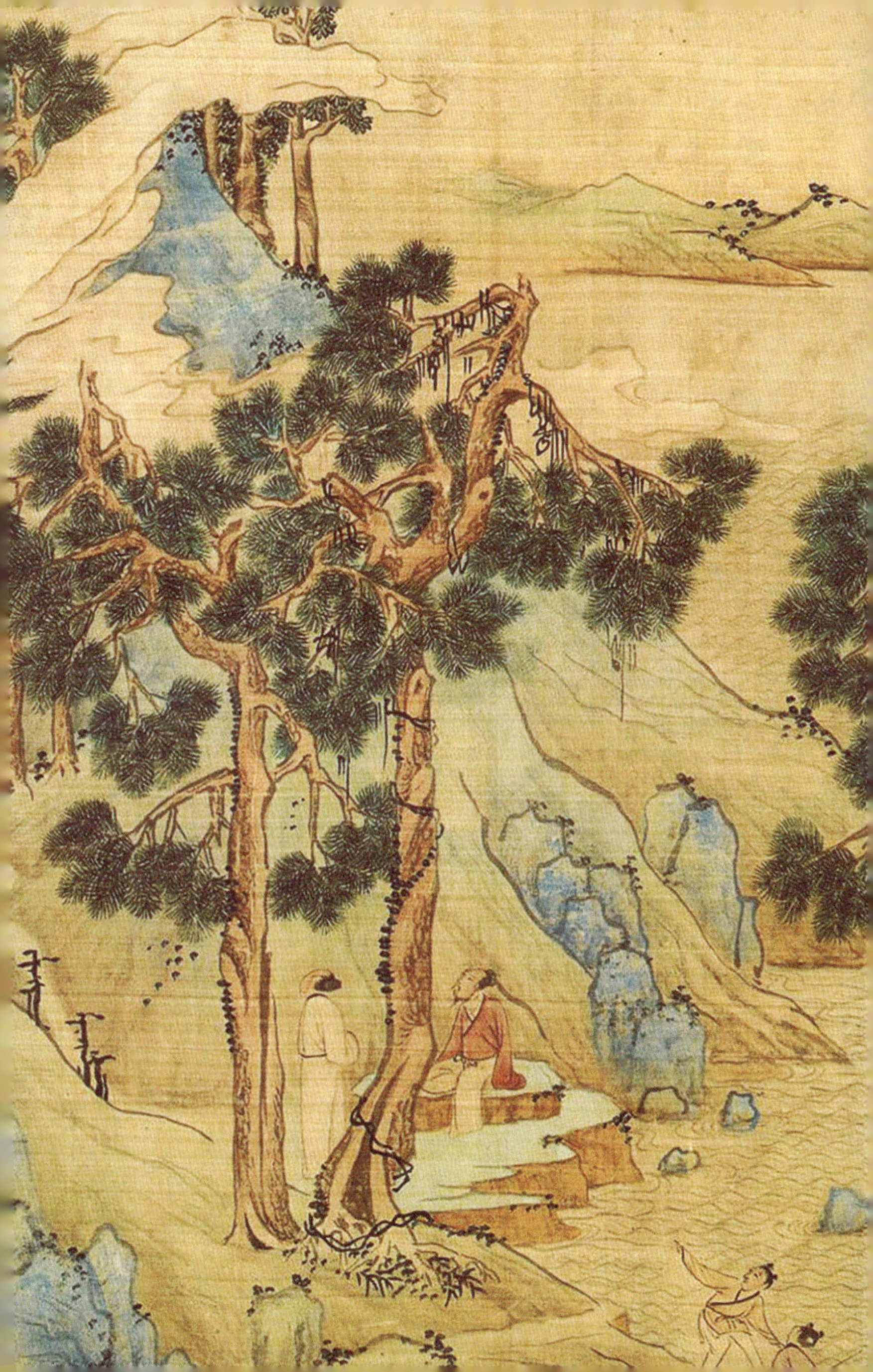

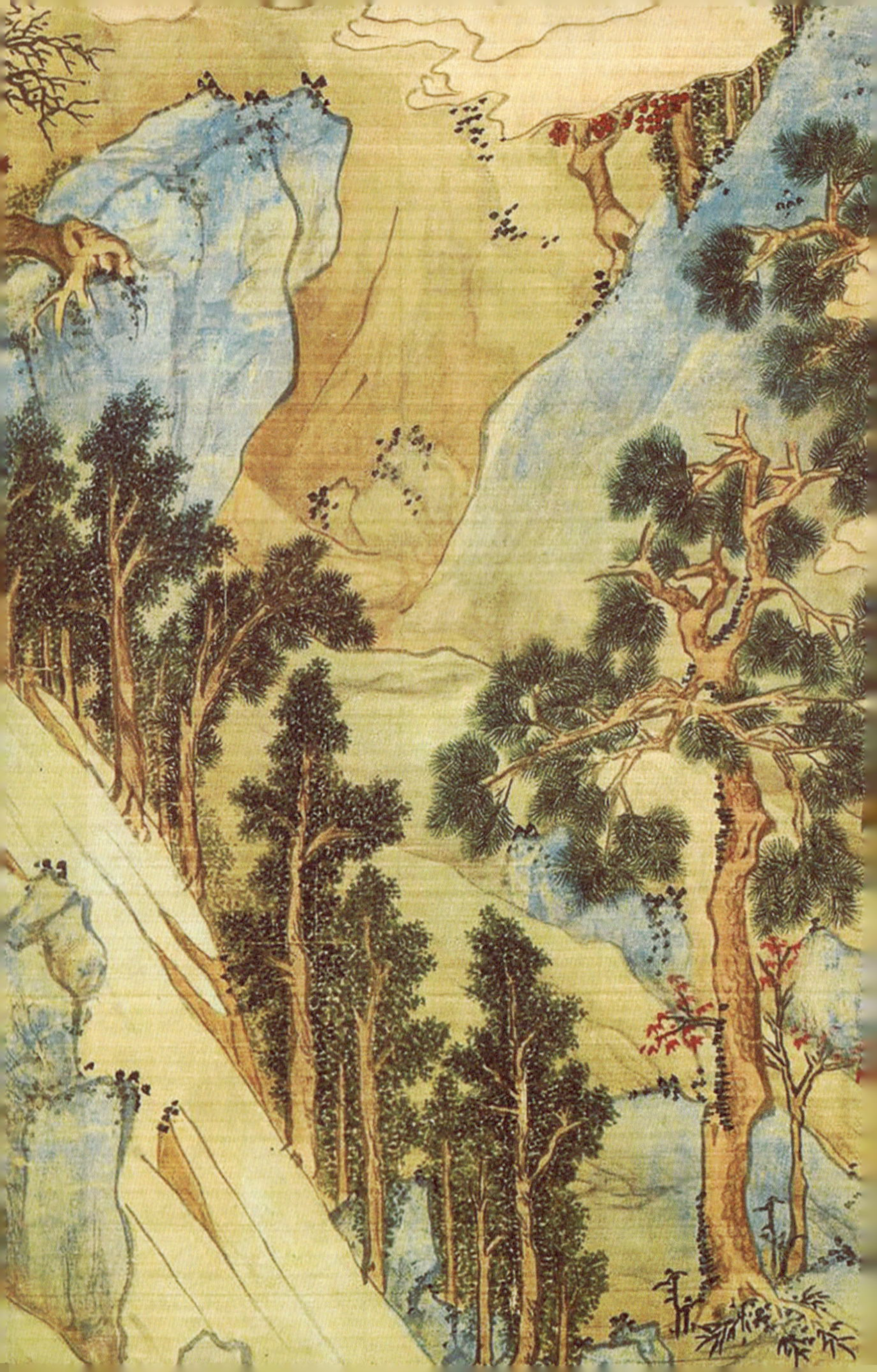

辈世代在吴地做官，有一天，孙氏祖坟上忽然现出奇怪的光来，一共有五种颜色。这五色光透过天空，在高空形成了五束耀眼的光束，照亮了远近数里，引来了众人围观。当时许多老人都说："是非凡气，孙氏其兴矣！"后来孙家有个女人怀孕了，她曾经做梦梦见她的肠子从腹中拖出，环绕着吴地昌门，待醒后非常害怕，因此去请教邻居老太太。老太太安慰她说："安知非吉徵也。"怎么知道不会是吉兆呢？结果，后来孙坚也向世人证明了，当初之梦真是吉兆。

孙坚少年时，"容貌不凡，性阔达，好奇节"，在他十七岁的时候，曾经跟着他父亲乘船到了钱塘，正巧当时有个叫胡玉的海盗抢劫了过往商人的财物，正在岸上与众兄弟分赃。岸上来往的行人听闻后不敢前行，过往船只也都不敢往前驰去。孙坚得知，对他父亲说："此贼可击，请讨之。"可是他父亲却认为贼势之大不是他一个毛头小孩所能对付的。

然而孙坚勇猛志高，根本不把一群小贼放在眼里，所以他不听父亲的劝阻，提起了手里的大刀，迈开大步威风凛凛地向胡玉等人走去，边走边用手左右指挥。胡玉等海盗看见孙坚走来，其架势好似官员派兵来围剿他们，于是个个惊慌失措，遂扔掉财物，四处逃散。孙坚见机追杀，斩得一人而归，看得他的父亲瞠目结舌。这事一发生，孙坚智勇双全的名声立即传出，郡府里因此召他代理校尉之职。

后来孙坚因平地方叛乱有功，历任三县县丞。孙坚当县丞之时，亲近百姓，因此在官吏百姓中甚有名望，人们均顺服于他。

孙坚也因这贤名结交了许多名人侠士，为以后的孙氏江东立下人脉的基础。

如果不是因为有黄巾之乱，如果没有这场大规模的农民起义，也许孙坚只会成为在江东地区的一个小吏，最多作为一郡太守，治理一方人民，除此之外便不大会有其他的建树。然而这个时代不是普普通通的时代，孙坚也不是普普通通的人，时代决定了孙坚必须在这个乱世之中有所作为。黄巾起义实实在在地更改了许多人的命运，而孙坚，甚至是他的一家都在这其中被改变了。

黄巾之乱起，孙坚在家乡招募兵士一千人，随着朱儁前往前线破敌。孙坚作战勇猛，常将生死置之度外，单身直入敌境。有一次他便乘着敌人战败之时，单骑追入，后不小心堕马受伤。所幸他的战马自己跑回军营，士兵随着战马而走，才救回孙坚。孙坚英勇如此，所以陈寿夸其"忠壮之烈"（《三国志·吴书·孙讨逆传》）。后来孙坚因攻占宛城，大破黄巾而被封为别部司马。

当初边章、韩遂在凉州起事时，朝廷派董卓前往讨伐，因久战无功，朝廷便又派张温前往，张温以孙坚有军事能力，于是奏请孙坚随行。张温到了长安后，以诏书召见董卓，董卓却散漫无礼，过了大半天才前往张温处。张温由是责备董卓，然而董卓不仅不认错，还出言不逊地回应张温。当时在座的孙坚看了这情形，自然感觉有所不妥，因此他走到了张温身边，对张温耳语，列举了董卓的三条罪状，建议张温于此时杀了董卓，然而张温没有采纳。后来董卓为乱京师，各州郡兴义兵讨之，孙坚听闻，附膺长叹,懊恼地说:"张公昔从吾言,朝廷今无此难也。"(虞溥《江表传》)因此也起兵参与关东军的讨董战争。

在讨伐董卓之前,孙坚在进军路上就先做了两件大事。

当时的荆州刺史叫做王睿。王睿曾经和孙坚一起共同讨伐零陵、桂阳两郡的贼寇,因为孙坚身为武官,王睿时常在言谈举止中透露出他对孙坚的轻蔑,因此孙坚对他向来不满。和王睿不和的不仅孙坚一个,还有一个曹寅,时任武陵太守。当时王睿起兵欲讨伐董卓时,就扬言说要先杀了曹寅。曹寅害怕,因此假冒光禄大夫之名,作出檄文命令孙坚杀死王睿。孙坚领受檄文后,立即起兵前往。

孙坚领兵接近了王睿治所,王睿听说前方有军队前来,因此登上高楼观望,派人询问这些士兵为何来到这里。按照孙坚事先的安排,军队前部这样回答王睿:"兵久战劳苦,所得赏,不足以为衣服,诣使君更乞资直耳。"也就是假装要请求王睿赏点东西。王睿倒也是大方之人,他说:"刺史岂有所吝!"说完立即下令打开库藏,让这些士兵们自己进去看看有什么东西可用。等到士兵涌到了城楼楼下时,王睿忽然看见了一个熟悉的面孔,正是他向来蔑视的孙坚。王睿见了孙坚,大惊,立即问:"兵自求赏,孙府君何以在其中?"孙坚回他:"被使者檄诛君。"王睿更加吃惊害怕了,忙问自己犯了什么罪,竟有檄文来讨伐。孙坚对他说自己受命而已,也不知道。王睿自知敌不过孙坚,何况士兵已进城,无奈何只得吞金自杀而死。

孙坚逼死王睿后,引军来到了南阳。当时的南阳太守张咨听说孙坚带领军队而来，却没作出任何反应，待到孙坚下公文请张咨供应粮草时，张咨找来手下询问应该如何回应他。当时他的下属纲纪就说了："坚邻郡二千石，不应调发。"（《英雄记》）就是说你孙坚凭什么我要调发军粮给你。张咨认为这话说的有道理，因此拒绝了孙坚。孙坚见张咨不理睬自己，遂有了杀他的意思，因此为张咨摆起了"鸿门宴"。

先是孙坚去拜访张咨，并送礼给他。第二天，张咨为回礼，也只好带着礼物去拜访孙坚，孙坚于是设酒席款待。酒席到了一半，孙坚的主簿就进来禀报了："前移南阳，而道路不治，军资不具，请收主簿推问意故。"这话是指责了南阳主簿，令孙坚将他拿下。张咨一听，觉得事情不对头，想要离开却发现四周已布满了士兵，因此张咨连动都不敢动。再几杯酒下肚后，主簿又来了，他对孙坚说："南阳太守稽停义兵，使贼不时讨，请收出案军法从事。"（《三国志·吴书·孙讨逆传》）这话直接将矛头对向了张咨，张咨一听，自知大祸临头。果不其然，孙坚随即令人斩了张咨。张咨一死，当时逃亡南阳的袁术便代他当了南阳太守，于南阳作为立足地，发展起了自己的势力。

张咨一事让人们明白了孙坚不仅仅是个武将，还是个政治高手，就这样一个酒局，比起鸿门宴来说，其精彩度并不输之几分。首先孙坚宴请张咨，给自己戴了一个好人的面具，然后令主簿于酒席间来向自己陈述南阳太守的罪行，让自己有理由去杀他。待要杀他的时候，孙坚还可以装出一副不情愿的样子，无可奈何地对张咨说："孙坚别无办法，公事公办而已。"所以说孙坚摆出这酒席，可谓高明。

孙坚杀了张咨后，"郡中震栗，无求不获"（《三国志·吴书·孙讨逆传》），这才是大事。南阳郡属于荆州，当时孙坚一连杀死王睿、张咨这两位荆州高官，所以名声在江东一带难免更加威赫，这为后来孙策打下江东、孙权稳守江东都有基础性的意义。

这之后，孙坚率兵继续前进，来到了鲁阳会见袁术。袁术表奏孙坚为破虏将军，兼领豫州刺史，所以人亦称孙坚为孙破虏。于是，孙坚在鲁阳休整部队，厉兵秣马，做好进攻洛阳的准备。

我就是一个人的战斗

孙坚一到鲁阳后,便和董卓的部将在鲁阳打了一场出色的战争。说"打了"其实是有点问题的,因为在这场战争中,孙坚不费一兵一卒便退敌军之兵,可谓不战而屈人之兵。

汉献帝初平元年(公元 190 年)冬,孙坚在鲁阳稍事休整之后,便准备出兵攻打董卓。出发前,他派长史公孙称回州郡督促军粮。为送行公孙称,孙坚于鲁阳城东门外搭起了幔帐,在帐篷里摆起了酒宴,邀请众部属前来聚会。众人在酒席上饮酒作乐、谈天论地,幔帐里气氛轻松,一片其乐融融。忽然,孙坚的手下来报,说董卓派兵前来鲁阳迎战,已有数十轻骑兵接近了鲁阳城东。

原来董卓那边听说孙坚准备起兵,因此派遣了数万步骑先进攻鲁阳,打算将其扼杀。这消息一到,帐篷里原来轻松的气氛顿时凝结,仿佛有巨大石头从天而降,众人一听,惊措得脸都绿了，试想，现在正于鲁阳城东设酒席，敌兵却一声不响忽然来到，众人能不能顺利得以逃脱？

可是孙坚当时只是惊慌了一下，随后便立即恢复了他的镇定自若的神情。他命令帐篷外头的部队整顿阵容，没他的命令不得轻举妄动，然后举起手里的酒杯，一副无事发生的样子，笑着让部属们继续饮酒。部属们不知道孙坚心里在计划着什么，也只好一边担心着，一边故作镇定地举起酒杯和孙坚同饮。

外面的敌军陆陆续续而来，越来越多，直至最后已有数万。孙坚这才缓慢地放下手里的酒杯，轻轻地站起身来，不慌不乱地引领着将士们一一进城而去，队伍有条不紊，毫无遇乱之象。待队伍进了城里后，孙坚才对将士们说："向坚所以不即起者，恐兵相蹈藉，诸君不得入耳。"（《三国志·吴书·孙讨逆传》）也就是说，刚才敌军刚到，孙坚若慌忙地命令回军，可能会引起兵士恐慌，队伍混乱，从而造成士兵互相踩踏，难以进城。众将士听了孙坚的分析后，无不佩服。而另一方面，董卓的部将看见孙坚不慌不忙，因此不敢贸然进兵，后又见孙坚的部队兵马整齐、纪律严明，遂放弃攻城的念头，撤兵而走。

此战被称为鲁阳之战，也是历史上的空城计，是见证孙坚用兵之才能和胆略的完美一战。战场上本就变化万千，虚虚实实，将帅对于真假的判定往往是战争胜利与否的关键。而出色的将帅懂得利用战场的虚实特点，来扰乱敌将的判断，令敌将处于犹豫徘徊的状态，从而给自己争取有利的时间，这就是军事上很冒险的心理战。心理战有一定的风险，若没有胆略之人，是不敢冒险而为之的。而鲁阳之战中，孙坚就完美地运用了心理战，足见孙坚此人，非但军事才能高人一等，便是胆略霸气也是不输人下的。

孙坚鲁阳退敌后，便于汉献帝初平二年（公元191年）二月率领了十万豫州兵向梁东（今河南临汝东）进发，准备辗转攻打洛阳，孙坚也从此吹响了讨伐董卓的第一战。

孙坚领兵屯扎梁东时，却遇董卓大将徐荣带兵包围。孙坚敌不过徐荣（徐荣先败曹操，后败孙坚，可见其将帅之能），十万豫州兵全军溃败。孙坚带着数十骑亲信英勇作战，一路杀出，奋力突围。孙坚平常都戴着一顶红色的头巾，因此敌军懂得认人。危机之下，孙坚只好将他的红色头巾让亲信部将祖茂戴上，以此来迷惑敌军。

乱军之中，敌军只辨别红色头巾，因此纷纷进攻祖茂，孙坚得有机会从小道逃出重围。而祖茂则被追兵追逐得困顿不已，劳累不堪，就在几乎被逼入绝境时，眼前的一根烧了一半的柱子让他有了头绪。他于是跳下马来，将红色头巾蒙上了这根柱子，自己寻找了一个安全的草丛，伏于其中，一动不动。待徐荣的士兵远远望着红色头巾，却不见头巾移动，以为孙坚的力气已到了尽头，于是团团包围。直到全军往红色头巾走近时，才发现不过是一根烧柱而已，这才无可奈何地撤兵离去。

孙坚虽成功突围，然而孙军大多兵将却被徐荣所俘。徐荣是董卓部属，对待俘虏自然也如董卓一般残忍，如当时的颍川太守李旻就被丢入锅中活活煮死。

孙坚初战不利，惨遭大败，先前浩浩荡荡的大军现在只剩下数十骑而已。然而生命并不就此为英雄吹起葬歌，因为英雄自是英雄，有坚忍不拔之精神。孙坚重新打起精神，一路收集梁东一战时逃出的散兵，最后来到了太谷阳人县（今山西临县西）。

当时阳人县里有董卓大将华雄督兵，孙坚为夺城池，与之交战。华雄不敌，被孙坚斩杀。孙坚因此成功攻占了阳人县，在阳人县里休息整顿，并做好防守的准备，待时机成熟，再行进攻之事。

董卓这边一听阳人被攻占，都督华雄被斩杀，气恼万分，他立即派出陈郡太守胡轸和吕布带领五千人马进军阳人。胡轸是个性急的人，他出兵前兴奋异常，向部将们自信满满地宣称："今此行也，要当斩一青绶，乃整齐耳。"（《英雄记》）部将们听了这话，大多有厌恶之意。

胡轸部队来到了广城，距离阳人城还有几十里。当时天色已经暗了，士兵一路奔波也显劳累，加上董卓之前也命令胡轸必须先在广城休整兵马后，再乘着夜色进兵，这样可赶在天刚明亮的时候攻城，所以胡轸就打算按董卓的意思行事。然而胡轸的部将大多都对他极其嫌忌，因此没有人希望他成功。于是，吕布等人便对胡轸说了："阳人城中贼已走，当追寻之；不然失之矣！"（《英雄记》）胡轸深信，遂抛开了董卓的叮嘱，率军连夜进发。

部队来到了阳人城下，孙坚早已做好了守城的准备，故阳人城守备严密，袭击不了。军队一路赶来，中途没有休息，早已饥渴困顿，士气低落，因此来不及修筑工事防御，便纷纷卸甲休息。这时吕布又令人传布谣言，大喊："城中贼出来。"（《英雄记》）睡梦中的士兵一听敌军进攻，慌得四处奔逃，盔甲兵器丢了一地，狼狈万分。待逃出十多里之后，才发现原来并没有敌军。士兵们被这一番折腾之后，怨声四起，士气大降，待到天明再返回阳人城攻城时，自然是无法尽全力而为，因此胡轸最终无功而返。

阳人一战中，孙坚再次不战而屈人之兵，然而这主要是因为敌军部将心有分歧，不能统一，因此孙坚得以坐收渔利。而吕布在此战中尽显小人样态，将私怨搬上公事，不懂得顾全大局，所以吕布欠缺霸王风范，虽然武力超群，也难以建立大业。

孙坚阳人斩华雄、退胡轸，因此威望更著。而在《三国演义》之中，这样大的反董联合军首功就被关羽一人所掌握了，这不得不说是对孙坚才干的极大淹没。当然《三国演义》当中是以刘备和曹操作为主角的。事实上如果孙策和孙权没有这样一个威若猛虎技惊四座的父亲，又怎么能够有那么好的天资来处理他们未来所遇到的各种棘手的问题呢？这是需要为孙坚说明的，也是需要为东吴势力所说明的，只怪罗贯中对待东吴太过不公。

人一有威望，顾忌他的人也就多了。此时袁术那边就有人对袁术打小报告了："坚若得洛，不可复制，此为除狼而得虎也。"认为孙坚如果顺利攻下洛阳，虽然除掉了董卓这匹狼，却同时养肥了孙坚这头猛虎。袁术听了，由是有点担心，遂不给孙坚发粮。孙坚进军途中的军粮都是袁术补给的，这时袁术不给孙坚发粮了，孙坚军中自然缺粮。孙坚因此多次派人给袁术催粮，袁术不理。军中无粮，孙坚着急万分，因此他只好亲自连夜直奔鲁阳，面见袁术。

在袁术帐中，孙坚心情异常激动，他为给袁术分析形势和各方的利害关系，遂将地当成地图，在地上画来画去。然后对袁术说："所以出身不顾，上为国家讨贼，下慰将军家门之私雠。坚与卓非有骨肉之怨也，而将军受谮润之言，还相嫌疑！"(《《三国志·吴书·孙讨逆传》) 接着又举出当初吴起和乐毅均为军粮供应不上因此兵败的例子，认为现在大功已在眼前，希望袁术能顾全大局。袁术见孙坚焦急之状，觉得自己的行为难免小家子气，因此惭愧万分，同意给孙坚发粮，孙坚这才安心回营。从此袁术和孙家的恩恩怨怨就没断过。

英雄是由于众多其他的狗熊而捧起来的，孙坚和孙家父子就是这样的状况。"四世三公"又怎样？"世卿世禄"又怎样？只不过都是一群目光短浅的草包而已。袁家兄弟，袁绍为何进提出了让董卓入京这种任谁都想出不来一个的"好主意"，而袁术心胸狭窄，为人多疑到了极点，最终让自己走向了灭亡之路。

在这之后，其实孙坚非常清楚袁术心中对他的意见与警惕。尽管十分愤怒，尽管已经造成了这样大的伤害，但是以大局为重的孙坚还是认为应该暂时保持同盟军的这种关系而不应该跟袁术有所冲突。所谓"君子报仇十年未晚",许多年后孙策在反袁术称帝的过程之中成为了主力,正是历史轮回循环的体现。孙坚回到阳人后,加强训练士兵,这次他势必要直攻洛阳,拿下董卓这个恶贼。

拍拍屁股散了吧

孙坚在阳人期间，表现英勇，名声已然四扬。此时身在洛阳的董卓看孙坚勇猛，自也有几分威胁恐惧之感，因此他必须先解决这个祸患。

若有办法不战而收孙坚，那自然是最好的，因此董卓首先的行动是他一贯采用的利诱。董卓派出将军李傕作为代表到阳人县去劝说孙坚，想要和孙坚结为婚姻之好，并让孙坚自己开列家族子弟中有能力官任刺史、郡守者，许诺向朝廷保举任用他们。董卓以为每个人都如吕布般见利忘义，却不知道孙坚一身正气。何况他也不想想，如果孙坚贪图这些，他为什么还要参加这个劳人费马的"反董联合军"？直接上表向董卓称臣，唯董卓马首是瞻岂不更有利？又为何要先行反抗之后再换取这些"蝇头小利"？

孙坚在利诱面前义正词严地拒绝李傕说："卓逆天无道，荡覆王室，今不夷汝三族，县示四海，则吾死不瞑目，岂将与乃和亲邪！"(《三国志·吴书·孙讨逆传》)李傕被以正道拒之，自讨无趣，遂悻悻而归。孙坚严厉拒绝李傕后，随即派出大军进兵大谷，屯驻于距离洛阳九十里的地方。

董卓虽然不是什么圣君仁主，但是也不缺乏识人之才，否则在他的手下也不可能有一群虎狼之将跟随着。被孙坚的一番正义之词所拒绝，愤怒当然是愤怒，然而仍是对其英雄之风有所感慨。他想起当初自己和周慎西征边章、韩遂时，孙坚曾经向周慎提出了一个很有可能平定叛乱的建议，然而周慎没有接受，因此兵败。所以董卓对他的长史刘艾感叹道："关东军败数矣，皆畏孤，无能为也。唯孙坚小戆，颇能用人，当语诸将，使知忌之。"（《山阳公载记》）这可谓是英雄识英雄。

在整个的东汉末年直至三国时代，我们可以找到许多这种配对。比如说董卓和孙坚，再比如刘备和曹操，当然还有最为大家所熟知的诸葛亮和司马懿。这是一种在这段时期之内经常出现的状况，宿敌之间的碰面、相互的争斗以及他们所采取的路线与方法的不同都为人称道，这或许也是古往今来这段历史之所以能让这么多的人为之痴迷甚至癫狂的原因吧。

董卓这么说是要刘艾对孙坚有充分的重视。然而刘艾不信邪，认为孙坚虽强，却也不及董卓的大将李傕和郭汜，因此他对董卓说："闻在美阳亭北，将千骑步与虏合，殆死，亡失印绶，此不为能也。"董卓摇了摇头，认为当时孙坚带领的兵士不过一群乌合之众，自然不敌我军精锐，因此不能完全以成败来论定英雄。只是董卓虽然顾忌孙坚的英勇，然而他也认为现在的关东军由袁绍来统领，必然不会长久，因此董卓仍是充满信心，对刘艾说："但杀二袁、刘表、孙坚，天下自服从孤耳。"(《山阳公载记》)

此时孙坚已经逼近洛阳，既然他不能为利益所诱，董卓也只好亲自带兵迎战。于是，两军对战于洛阳诸帝陵间，最终董卓不敌孙坚的勇猛，败到渑池（今属河南），留下吕布停驻洛阳作为掩护。孙坚乘胜追击，直入洛阳，大败吕布，吕布逃走，将一座洛阳空城留给了孙坚。这一段记载在《三国演义》中就被演化成了脍炙人口的"三英战吕布"的故事。

此时为汉献帝初平二年（公元191年）二月。

孙坚一入洛阳，见京城一片空虚，到处是大火燃烧后的灰烬。孙坚见此，不由得惆怅不已，流下泪来，因此命令部队清扫汉室宗庙，修复园陵，用太牢之礼祭祀。一代英雄冲锋陷阵，兵败受伤尚且不哭，此时竟然为了京城的惨败而流下泪来，可见在这个人人为霸的时代里，孙坚对汉朝仍然保持着耿耿忠心。

关于孙坚入洛阳，《吴书》还记载了这样一则故事。当时孙坚的部队发现洛阳城南的甄官井里射出五种颜色的光束，大家皆以为有鬼怪，不敢靠近。孙坚于是令人下井探寻，结果捞到了传国玉玺。

所谓传国玉玺或传国玺，是中国古代皇帝信物。相传秦始皇灭六国统一中国后获得和氏璧，将其琢为传国玉玺，命丞相李斯在和氏璧上写"受命于天，既寿永昌"八个虫鸟篆字，由玉工孙寿刻于其上。后来成为历代王朝正统的象征。

灵帝熹平六年（公元177年），袁绍入宫诛杀宦官，玉玺失踪。直至今日才被孙坚的人马所发现，后来人们推测这应该是当初宫乱时，掌管玉玺的人将它扔到了井里。然而裴松之认为这件事情十有八九是假的，他认为这不过是吴国的史书借玉玺来彰显国家的威严。裴松之进一步指出吴史这样编造无疑坏了孙坚的忠诚之名，因为孙坚若真的捡到玉玺而独自藏匿起来，那一定是有所图谋。不过这件事情既然有所记载，也有可能为真，最起码这个玉玺应该是在这个时间点被找到了，而当时在洛阳的部队只有孙坚的部队，因此后人就把这个宝物的最终归宿给了孙坚。

即便是孙坚真的把传国玉玺私自藏了起来，也不能够作为孙坚对汉室不忠的证据，按照刚才所提到的孙坚在对待董卓的种种作为上，应该是可以相信他对于汉室的忠心耿耿。因为没有任何史料记载表明，孙坚知道传国玉玺就在洛阳的一口废井之内，所以孙坚没有理由为了传国玉玺而在战场上那么出生入死英勇无敌。就算是他拿到了传国玉玺也一定是希望把这件宝物看管好，不让奸险之徒得到才密不报告的。

当时的讨董诸侯真可谓是各怀鬼胎，传国玉玺的消息越少人知道越好。当然，这些仅仅是一些推测，并不能成为真正的历史。但《三国演义》中，这件事情被明确说明是孙坚所为，并且进一步说明孙策起兵之时，向袁术借兵的筹码便是这传国玉玺，这传国玉玺就成了袁术后来称帝的一个确切的原因。不得不佩服罗贯中天才的想象力，这一切被编得行云流水绘声绘色，实在是令人佩服。

孙坚将洛阳整顿完后,分兵渑池邀击董卓,然后引军回到了鲁阳。过了不久,孙坚得到了袁绍派周㬂率兵袭击阳人城的消息。想不到身为盟主的袁绍竟带头破坏了盟约,孙坚愤然而叹气曰:"同举义兵,将救社稷。逆贼垂破而各若此,吾当谁与戮力乎!"无可奈何,孙坚也只好回兵阳人。

孙坚发出了跟曹操一样的感慨,诚然,就在孙坚一心攻伐董卓时,关东军之间已经貌合神离。

先是,韩馥本就惧怕袁氏势力过大会危害自己,因此渐渐减少对河内、酸枣联军的粮食输送。前线军粮耗尽后,联军本就无心攻打董卓,此时竟都各自回到属地,只剩一个名号悬在那里。

更兼袁绍此人,作为盟主,不思以兵战胜董卓,却又和董卓一样心思。当时董卓西退长安后,袁绍竟然打算放弃献帝,另立幽州牧刘虞为帝。刘虞是东海恭王之后,汉室宗亲,为人宽和。而袁绍无疑将刘虞的宽和看成了软弱,因此他有意立刘虞为帝,不过也是想当董卓一样的人物,控制汉室,自行大权。

袁绍因此和韩馥以献帝年幼,而且被董卓所控制,亦不知其安危,当另新帝为理由,请曹操和袁术参与。然而曹操回答袁绍说:"董卓之罪,暴于四海,吾等合大众、兴义兵而远近莫不响应,此以义动故也。今幼主微弱,制于奸臣,未有昌邑亡国之衅,而一旦改易,天下其孰安之?诸君北面,我自西向。"后来袁绍又得到一个玉印,在座位中举向曹操手肘,向曹操暗示一切已经准备就绪,立刘虞为帝不会有问题。但曹操只是大笑,没有应答,心里却对袁绍十分厌恶。不仅曹操拒绝了袁绍,连他的弟弟袁术也认为这样做有违公义，因此不愿参与。袁术虽然以公义为名拒之，其实不过是因为观汉室衰微，早已心怀异志，而袁绍也明白袁术所想，两人因此交恶。

虽然得不到多数人的赞同，袁绍和韩馥仍然一意孤行，势必推举刘虞为帝，因此袁绍便派出张岐等人邀请刘虞讨论事宜。然而刘虞是个正派之人，他明白张岐的来意后，厉色叱之曰："今天下崩乱，主上蒙尘。吾被重恩，未能清雪国耻。诸君各据州郡，宜共戮力，尽心王室，而反造逆谋，以相垢误邪"！（《后汉书·刘虞传》）刘虞坚持不受，袁绍也无可奈何，因此立新帝一事也只好作罢，时为汉献帝初平二年（公元191年）正月。

此事虽已作罢，然而袁绍因与袁术、曹操意见不一，而使原来的矛盾加深，所以袁绍趁孙坚进攻洛阳之机，派出周㬂夺取孙坚的地盘。而孙坚当时隶属于袁术，所以袁绍此举无疑算是正式跟袁术叫板，于是，一场群雄争霸的局面一触即发。

其实关东军从头到尾不过是一个借以估量彼此实力的工具，因此非但对董卓没有形成实质性的伤害，反而各联军彼此之间结下私怨，激化矛盾，实为后来各霸一方的序幕。而当时最有人望的袁绍和袁术反而是最早挑起这场内斗的人，因此遂形成了以袁绍、袁术为主的两大阵营。各路诸侯就这样因为"四世三公"的家族恩怨而反目成仇，成为了这两个"大草包"手中好使的枪，这在历史上也是十分罕见的状况。更昭示着这所谓的"十八路诸侯"不过是一群乌合之众、一团散沙。首先袁绍夺取了韩馥的地盘，接着与公孙瓒争夺北方四州，而袁术则联合公孙瓒、陶谦等与袁绍争霸，袁绍也联合刘表南北挟制袁术，中原遂处于混战之中。

群雄无远见，无顾大局之精神，因此董卓未灭之时先起内讧。再看看因此而叹气的曹操和孙坚二人，最后大汉天下一分为三，他们的姓氏都在其中，因此真正的英雄之间，当有某种相似之处。

中原混战，最得意的无疑是关外的董卓。此时彼此火并的军团早已忽略了长安的董卓，得以让董卓在汉室土地上更加胡作非为。既然京外人士已无心讨董，那么诛杀董卓的重任只好由京内人士来自行解决，而当时接受这个历史重任的人，便是王允。

该死的终于死了

董卓霸京师时,手握强大的军事力量,身旁又党羽成簇,加之董卓本人凶残毒辣、武力过人,如果贸然出手,势必以卵击石,自取败亡,如伍孚等人。因此,诛杀董卓一事必须准备周全,而在准备之时,得到董卓的信任不失为一个好办法。王允就如同当年勾践一样,隐忍了一年之多,最终顺利诛杀了董卓,为汉室除了一大祸患。

王允,字子师,太原祁(今山西祁县)人。王允出身官宦世家,是当时的名门望族之后。王允此人资质聪颖,深受长辈们的赏识,被东汉著名学者郭泰夸为"王生一日千里,王佐才也"(《后汉书·王允传》)。名门之后,教养自然非凡,在家族的熏陶下,王允自小便意气非凡,立志长大后定要为国立功,因此自小便注重培养自己的能力。他饱读诗书、泛阅经传,非但习文,还坚持练武强身,因此王允也是个精通文韬武略的全才。

王允有能力，有名声，十九岁便开始担任郡吏。担任郡吏时，王允曾捕杀了桓帝宠爱的宦官的手下，正气之名由是而显，于此赢得了众多官吏和百姓的赞赏，所以不久便被朝廷三公同时征召，遂从地方官员到了中央朝廷，这无疑为王允为国立功的政治抱负提供了更为广阔的政治舞台。

后来黄巾之乱起，王允被拜为豫州刺史，率领重兵征讨豫州一带的黄巾军。王允首次领兵打仗，便充分展示了他的军事才能，大破黄巾军，降者以十万为数。当时王允就在降兵身上搜索到了一张书信，这书信是宦官张让的宾客所写，因此王允便怀疑张让串通黄巾。张让是当时的大宦官，谁人敢没事惹他？但王允不怕，他直接上书汉灵帝，陈述张让的罪状。灵帝大惊，立即召张让进宫，愤怒地指责他。然而灵帝终究是昏君，在张让苦苦叩首道歉后，竟然就放过他了。张让因此事和王允结了怨，因此时刻寻思着报复，后来被他顺利找到了机会，上书诽谤王允，结果王允被捕入狱。

王允入狱之前，当时有一个叫做杨赐的司徒，深知张让是有意想置王允于死地，因此他派人劝说王允对张让退让一步，王允的下属也都这样劝说王允，然而均被王允毅然拒绝。王允有一个下属见王允不听，非常气愤，因此他找来一杯毒药，将毒药举到王允面前，让王允与其在狱中受苦而死，不如现在自行了结。王允见状，大声斥责他说："吾为人臣，获罪于君，当伏大辟以谢天下，岂有乳药求死乎！"（《后汉书·王允传》）说完将酒杯奋力摔在地上，自己走进了囚车。后来何进、袁隗和杨赐联名向皇帝上书，替王允求情，灵帝才赦免王允。王允见张让等宦官凭借权势横行霸道、为所欲为，对其深恶痛绝，然而自己又无力除之，无奈何只好离开洛阳，辗转于河内、陈留之间。

后灵帝驾崩时，何进召见王允，向其表明诛杀张让等宦官的心志，王允自然支持何进，因此又进入朝廷当官，最后官至三公的司徒之位。

从王允的事迹来看，他是个刚正之人，如曹操一样不惧权贵，是为栋梁之材。董卓为乱朝廷时，王允是看在心里的。可是王允不再像当初对张让时一味蛮横而行，他懂得董卓势大，自己必须要有十足的把握才可出手，因此王允在表面上对董卓听任顺从。而董卓是个惜才之人，他见王允不但具有才识，对自己又表示支持，因此便把王允当成亲信，"朝政大小，悉委之于允"。

王允表面敷衍董卓，暗地里却偷偷地动起了手脚。他找来了时任司隶校尉的黄琬和尚书郑公业等人共同商议灭董计策。王允明白武装力量是不可或缺的因素，他们推荐保举校尉杨瓒行使左将军的权力，又举荐了执金吾士孙瑞担任南阳太守，企图在外面掌握一定的势力。然后王允又上书皇帝，令皇帝命令士孙瑞出兵讨伐袁术，其实王允是打算借讨伐袁术为名，令士孙瑞伏击董卓。然而士孙瑞的行动引起了董卓的怀疑，王允见状，立即擢升士孙瑞为仆射，将其唤回了都城。

时间流逝，董卓继续为乱朝廷，王允等人的计划却一再失败。直到汉献帝初平三年（公元192年）的春天，当时百姓的生活已经被董卓扰乱得难以为继，又值此时天上连降两个多月的雨，民间因此遭受严重的水灾侵害。人祸天灾相继而来，民怨四起，士孙瑞认为这是一个很好的时机，因此他跟王允等人说："自岁末以来，太阳不照，霖雨积时，月犯执法，彗孛仍见，昼阴夜阳，雾气交侵，此期应促尽，内发者胜。几不可后，公其图之！"（《后汉书·王允传》）

王允也赞同士孙瑞的意见，认为必须把握天机尽早行动。

然而天机不过妄谈，董卓势力相较以前是有增而无减，若只因老天下了两个月的雨便想成功诛杀董卓，那是不切实际的想法。其实，王允得到的时机并非源于天时，而是人和，而这人和的时机，又是吕布送与王允的。

董卓之前收了吕布后，见其英勇非凡，又知道自己凶残，引来不少人的怨恨，因此时常让吕布跟在自己身边来保护自己。有一次，吕布不知道做了什么事令董卓感到不满意，董卓于是直接拿起手边的长戟往吕布射去，幸而吕布手脚灵敏，因此逃过一劫。后吕布向董卓道歉，董卓也因此原谅了他，然而吕布心中已因为此事而埋下了对于董卓的厌恶。后来董卓让吕布防卫自己的内室，吕布却和董卓的侍婢有染，因此非常害怕事情被董卓发现，心中十分不安。

吕布向来和王允有交情，此时深感无助之时，便去向王允述说董卓的恶状，说董卓一直想杀了自己。王允一听，立即明白诛董之事有了苗头。他心想，若找得吕布作为同党，不说其武力高强，就是凭借内应的身份，都可令诛杀董卓的事情顺利许多。于是王允便小心地对吕布说了自己和士孙瑞等人的计谋，并表示希望吕布可以加入。吕布当时对董卓是又怕又恶，自然也有除掉他的念头，然而他一开始仍是有点犹豫，他对王允说："奈如父子何！"王允这时就笑了，他回吕布："君自姓吕，本非骨肉。今忧死不暇，何谓父子？"吕布见王允这样说了，也不再顾忌什么，遂答应了王允。

这是见于《匈奴汉国书》和《三国志》里的记载，但若说起王允、吕布和董卓之间有什么关联，无人不想起古代四大美女之一的貂蝉。可是貂蝉一人，正史从无记载，她的事迹主要见于民间传说，其中有京剧《凤仪亭》详细叙述了她的一生，此外还有一些作品也叙述过貂蝉的身世，说法有些出入，但其原型应该是刚才所提到的那个侍婢无疑。

在民间传说当中，貂蝉是王允家的义女，为拯救汉朝，由王允授意施行连环计，使董卓、吕布两人反目成仇，最终借吕布之手除掉了恶贼董卓。之后貂蝉成为吕布的妾，董卓部将李傕击败吕布后，她随吕布来到徐州。下邳一役后，吕布被曹操所杀，貂蝉跟随吕布家眷前往许昌，从此不知所踪。但这些毕竟不是历史事实，貂蝉也终究是个虚幻中只见其事不见其人的人物。

汉献帝初平三年（公元192年），献帝生的一场病痊愈了，因此于未央宫里大摆宴席。董卓穿好朝服，上了马车，准备进宫去时，却因马受惊而从马车上摔到了地上的泥巴里。董卓回到房里换衣服的时候，他有一个侍妾认为这是不祥的预兆，让他不要进宫，董卓不从，令吕布捍卫，往未央宫而去。

在董卓进宫的路上，未央宫这边早已安排妥当。王允令李肃带领吕布的十多名心腹，个个穿上宫廷侍卫的服装，潜伏在宫殿侧门两边，等待董卓的到来。此时，董卓的马车接近了未央宫，马却无缘无故受惊而不敢往前走去，董卓觉得这事有蹊跷，遂有回家的念头。只是吕布在旁一直劝说，董卓才继续前进。等到董卓一踏进未央宫门时，李肃立即将手中的长戟往董卓刺去，可惜董卓身披坚甲，长戟难以刺入。只是这突如其来的一戟也令董卓有点慌乱，因此他立刻环顾左右，大喊："吕布何在？"吕布随声应他："有诏讨贼臣。"(《后汉书·董卓传》)董卓一听，大骂吕布是狗。吕布愤怒不已，拿起长矛往董卓身上用力刺去，董卓遂死。

据说在董卓死之前民间流传着一句谣言，谣言是这样的："千里草，何青青，十日卜，不得生。"(《英雄记》)"千里草"合字便是董，"十日卜"合字便是卓，"不得生"便是说明董卓将死。又有传说，说曾有一道士写一个"布"字示于董卓，暗示着董卓将被吕布而杀，然而董卓不解其意，却也不去理睬。"千里草"一句，大家都认为是预言董卓之死，因此有后人编造之嫌。其实，这句话的存在是有道理的，它真切地表明了民间对于董卓的憎恨已然到了想其"不得生"的地步，所以它并不是一句预言，而是百姓的心声，就像当初百姓指着太阳骂桀的时候。

此时百姓对于董卓的痛恨并不输于当初人民对于桀的痛恨，所以董卓一死，宫廷内外皆喊万岁，民间百姓得知，更是歌舞于道，纷纷用家里值钱的珠玉换来大酒大肉庆祝。举国上下，欢呼连连。王允见董卓已死，令皇甫嵩攻杀其弟董旻，又株连董卓亲人，尽灭其族。据说董卓死后，被暴尸于市，当时天气炎热，董卓身上的脂肪因此流了满地。守尸体的士兵一看，遂将点燃的捻子插入了董卓的肚脐眼里，结果"光明达曙，如是积日"。可见董卓一生，鱼肉无数。

一代枭雄落得个这种悲凉下场，实在是让人感慨。想当初，董卓也是一个人物，不可一世，到最后竟被人们点了灯，这其间的种种关节是历史研究者所讨论的重要话题，也是历朝统治者必须有所借鉴的。但是有一点是十分清楚的，任何人不能够过于按照自己的一己之私行事，上天对待每一个人都是公平的，没有人会比其他人天生就高一等，更没有人可以任意妄为。

董卓之所以能够把持朝政，不过是借用何进出的一个不可挽回的错误，并不是依靠自己的实力，然而这种胜利的喜悦影响了他对于整个局势的判断能力与控制能力。他过高地估计了自己的能力，认为自己可以掌控一切，但实际上他终究不能够挡住正义的滚滚洪流，谁能够想到最后让这个枭雄进入长眠的竟然是他手下最心爱的义子！

董卓是死了，然而汉朝的威严并没有就此恢复。更确切地说可能根本没有办法再恢复了。董卓的死跟何进和蹇硕的死不一样，瘦死的骆驼比马大，董卓是死了，可其手下的众多虎狼之将实力实际上都不在吕布之下，汉廷未来的命运也就可想而知。不说京城后来再次为董卓部属李傕等人胁迫，就是目下，地方之间的争霸早已轰轰烈烈地展开了。

第三章

烽烟四起：天下是副麻将牌

我也有个梦想

要说天下乱哄哄，首当其冲的就是"四世三公"的名门之后——袁绍。这个袁绍别的本事没有，在炫耀自己的实力，扩大自己的影响，扩充自己的地盘方面倒是一个高手。而他周围的一圈谋士也有不少是趋炎附势之徒，就会挑选让袁绍得意的话说，更是助长了袁绍的自信。于是这个"名门之后"开始不满足于祖先给的名头了。

袁绍自被董卓逼出朝廷逃亡至冀州韩馥处后，韩馥忌其威望，便对其时刻加以防范。后来袁绍成为关东军盟主后，自视高上，遂日益骄横，竟有欺小之意，因此对于韩馥的冀州更是垂涎三尺。

袁绍当时身边有一个谋士，名叫逢纪，他认为以袁绍之声望，不应该寄人篱下，因此他对袁绍说："将军举大事而仰人资给，不据一州，无以自全。"（《英雄记》）袁绍自然也有大志，只是苦于冀州兵强,难于下手,担心事情若不成,到时反而没有地方可以立足。这时逢纪就看到了北方的公孙瓒,于是他对袁绍进言:"可与公孙瓒相闻,导使来南,击取冀州。公孙必至而馥惧矣,因使说利害,为陈祸福,馥必逊让。于此之际,可据其位。"(《三国志·魏书·袁绍传》)

此时公孙瓒因对于北方民族的征伐而威震辽东,袁绍若能先利用他的威望,要拿下冀州自然是轻易许多。袁绍听从了逢纪的建议,遂北请公孙瓒进攻韩馥。公孙瓒对冀州之地也是向来有心,答应了袁绍。公孙瓒因此出兵安平,大败韩馥,继而引兵进入冀州,以讨伐董卓为名,虎视着韩馥。

公孙瓒的觊觎果然令韩馥非常不安,看来一切进展尽在逢纪和袁绍的掌握之中。袁绍见此,趁机派出高干和荀谌等人来到了韩馥处,对韩馥说:"公孙瓒乘胜来向南,而诸郡应之,袁车骑引军东向,此其意不可知,窃为将军危之。"(《三国志·魏书·袁绍传》)韩馥本就担心,听了这话,更加畏惧不已,因此他急忙向高干等人寻求意见。

高干等人见韩馥的脚已伸进了他们的圈套,此时要想把他成功拉进来,不能急于一时,而要循序渐进,一把一把地将他引进圈套。因此他们问韩馥:"君自料宽仁容众,为天下所附,孰与袁氏?"韩馥自知比不过袁绍,摇了摇头。他们又问了:"临危吐决,智勇迈于人,又孰与袁氏?"韩馥还是自认不比。他们接着逼问:"世布恩德,天下家受其惠,又孰与袁氏?"(《后汉书·袁绍传》)韩馥只是摇头。

荀谌瞅准了韩馥此时的失落神态，立即对韩馥说："公孙提燕、代之卒，其锋不可当。袁氏一时之杰，必不为将军下。夫冀州，天下之重资也，若两雄并力，兵交于城下，危亡可立而待也。夫袁氏，将军之旧，且同盟也，当今为将军计，莫若举冀州以让袁氏。袁氏得冀州，则瓒不能与之争，必厚德将军。冀州入于亲交，是将军有让贤之名，而身安于泰山也。原将军勿疑！"（《三国志·魏书·袁绍传》）韩馥向来懦弱，大难临头只想保命，而无争权之欲，遂听从了高干等人的建议，准备将冀州拱手让给袁绍，让袁绍来对抗公孙瓒。

韩馥将一州之权如此儿戏地拱手让人，他的手下自然难以服从，纷纷向韩馥进言道："冀州虽鄙，带甲百万，谷支十年。袁绍孤客穷军，仰我鼻息，譬如婴儿在股掌之上，绝其哺乳，立可饿杀。奈何乃欲以州与之？"（《三国志·魏书·袁绍传》）更有屯驻于外的武将一听闻消息，立即赶回请求出兵攻打袁绍，然而均被韩馥一一拒绝。韩馥自觉才德不及袁绍，并觉得让位于贤也是古人所贵，因此将所辖冀州地区完全交给了袁绍，袁绍遂领冀州牧，以邺城为治所，给韩馥一个奋威将军的空头衔。时为汉献帝初平二年（公元191年）七月。

袁绍拿了冀州后，其手下朱汉因曾经受到韩馥的非礼对待，此时遂带兵吏进入韩馥的住所，打断了韩馥儿子的两条腿。虽然朱汉因此事被袁绍所杀，然而韩馥对袁绍却就此留下了阴影，时刻怀疑他想要杀害自己。因此韩馥辞了袁绍，往投张邈。有一次袁绍派遣使者到张邈处谈公事，因事机密，因而耳语。韩馥当时在座，以为是袁绍令张邈杀了自己，竟然畏惧离席而自杀。韩馥此人，一辈子处于担忧之中，最后不仅不战而降，还因无谓的猜疑而毁了自己生命，乱世之中，这种懦弱的性格连保一方都成问题，又何谈成立大业？

袁绍自领了冀州牧后，有了立足之地，归降者也不少，算盘也就打大了。袁绍召来谋臣沮授，这样问他："今贼臣作乱，朝廷迁移，吾历世受宠，志竭力命，兴复汉室。然齐桓非夷吾不能成霸，句践非范蠡无以存国。今欲与卿戮力同心，共安社稷，将何以匡济之乎？"袁绍想立齐桓公、越王勾践之功业，势必要有管仲、范蠡之类的人相助。而沮授这人，史载"少有大志，多权略"，在袁绍帐下是一等谋臣，所以袁绍找他来共谋大事。

沮授看得很远，他为袁绍制定了一个长远的战略："虽黄巾猾乱，黑山跋扈，举军东向，则青州可定；还讨黑山，则张燕可灭；回众北首，则公孙必丧；震胁戎狄，则匈奴必从。横大河之北，合四州之地，收英雄之才，拥百万之众，迎大驾于西京，复宗庙于洛邑，号令天下，以讨未复，以此争锋，谁能敌之？比及数年，此功不难。"（《三国志·魏书·袁绍传》）

该战略令袁氏先立足北方四州（幽州、冀州、并州、青州），然后挟天子以令诸侯，虽眼光高远，却不失实际，堪比后来诸葛亮提出的"隆中对"。而且第一个提出"挟天子以令诸侯"的战略思想，沮授实在不愧为三国的一流谋士。这个战略为袁绍展开了一幅波澜壮阔的画面，令袁绍激动不已，高兴地说："此吾心也。"因此任命沮授为监军、奋威将军。

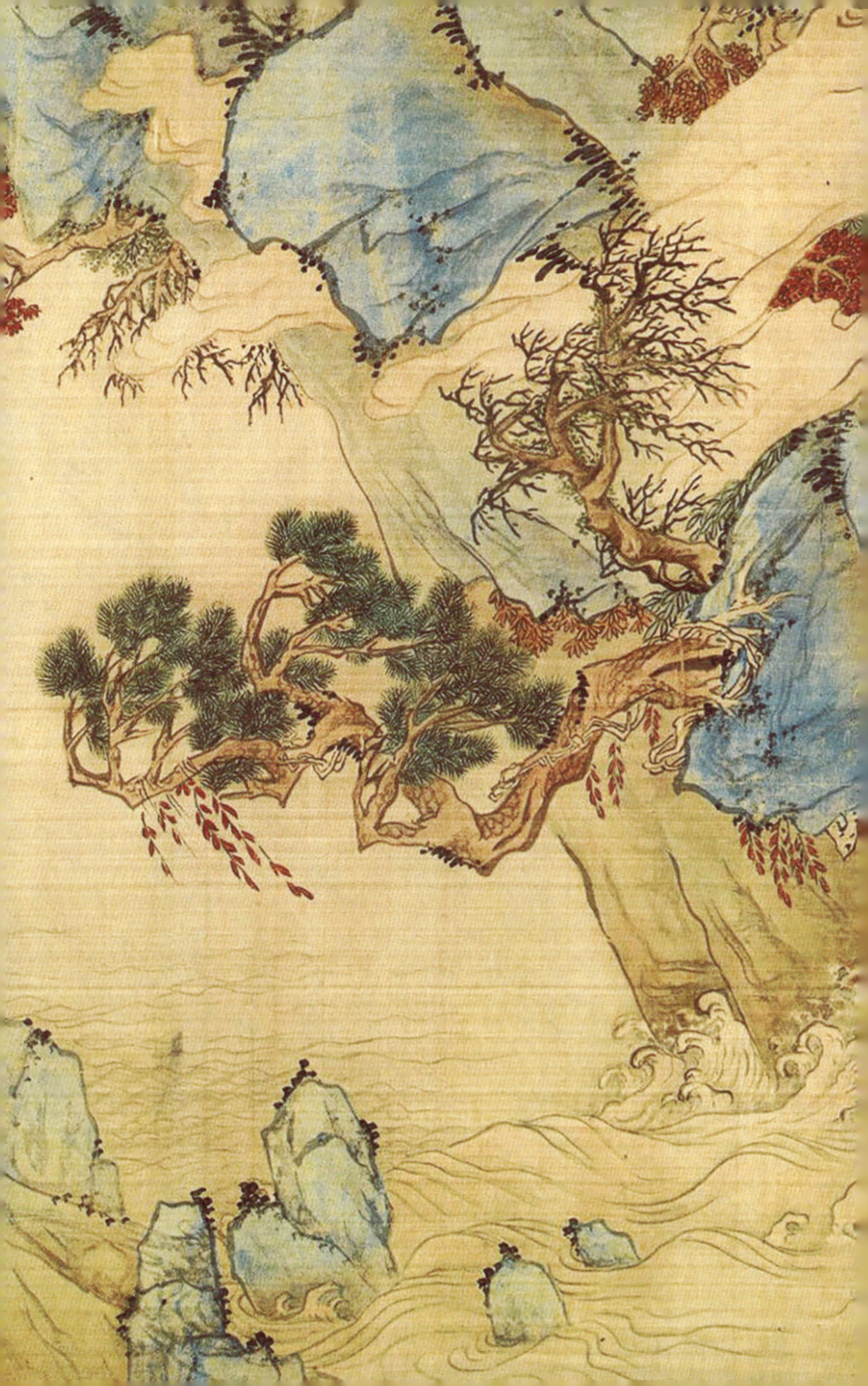

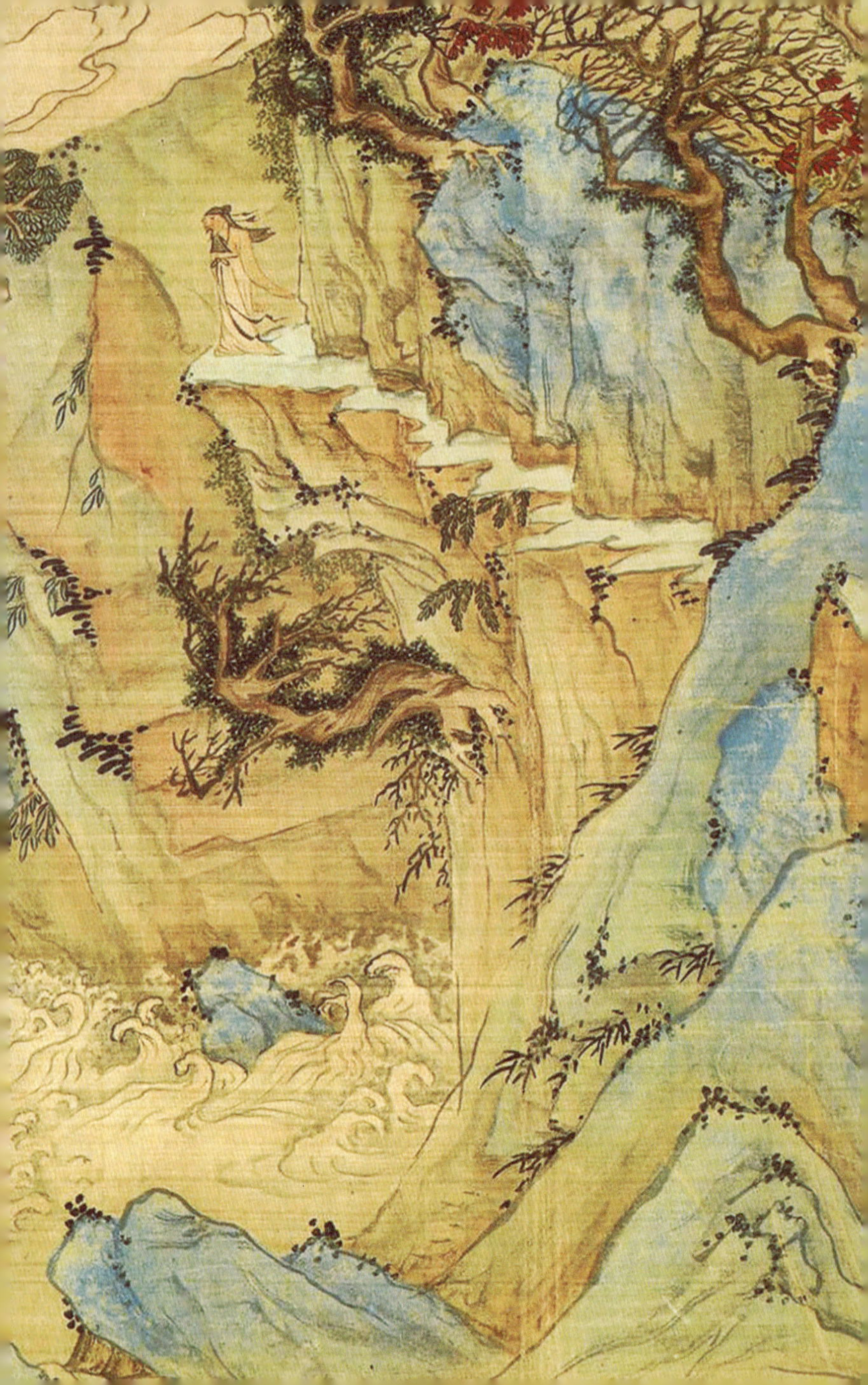

但袁绍终究是那个袁绍，除了大加感激之外，恐怕根本就没有把沮授的这番警世良言放在心上。如果真正按照沮授这样的安排，袁绍很有可能代替后来曹操在中国北方所占据的位置，毕竟此时的袁绍有名望也有实力。但是等到机会真正来临的时候，等到汉献帝真的需要有一个人来"挟持"的时候，袁绍竟然会犹豫不决，最后被曹操占据了先机。

袁绍终究不是一个可以服务的君主，难为了沮授这么尽心尽力地为他提供良策，后来袁绍与曹操在官渡大战，袁绍兵败，沮授被俘，坚决不投降曹操而被曹操处死，可以称之为谋士当中的铮铮铁骨，这样的人才跟在袁绍身边袁绍却不知道珍惜，这就早已经决定了袁绍之后的命运。

当初黄巾之乱后，各种地方小型起义不断，尤以冀州黑山起义军为代表，统称为黑山军。黑山军在北方一带四处扰乱，虽构不成大威胁，留着却也是个后患。而沮授给袁绍的战略布局里，第一步就是除掉黑山这些小起义军的骚扰。因此袁绍既领冀州后，第一步就是平定黑山军。当时曹操还无立足之地，因此暂时屈于袁绍部下，此时黑山军频频骚扰兖州东郡，东郡太守无法抵挡，袁绍因此派出曹操前往东郡镇压黑山军。曹操领兵进入东郡，打破黑山军其中一部，袁绍因此表曹操为东郡太守。次年（公元192年），曹操完全平定东郡，遂以兖州东郡为立足地，开始发展势力。

而冀州魏郡一带的黑山军也被袁绍基本击破，沮授战略的第一步便实现了。此时袁绍坐稳冀州后，便开始向北方四州伸出了他的手掌。当时北方势力最大的是公孙瓒。公孙瓒素来征战立功，其在冀州的威望并不下于袁绍，更别说他的军事实力了。因此袁绍要拿下四州，公孙瓒是一个极大的障碍。

公孙瓒这边看自己出兵打败韩馥后，却让袁绍白白得了冀州，心里也是难免不平。另外冀州也是在他的计划之内，而袁氏家族四世三公，故袁绍难免成为他的劲敌。只是袁绍在北方的发展时间没有公孙瓒久，因此公孙瓒的综合实力是强于袁绍的。所以这两个人的战争，公孙瓒处于较为积极的一面，他早就想攻打袁绍，只缺个借口而已。而过了不久，公孙瓒便找到了出兵袁绍的理由，因此，在董卓还未灭之时，一场诸侯间的会战便正式展开。

我要我的地盘

袁绍和公孙瓒两人都对北方四州有所贪图,而彼此又都是对方实现目标的最大障碍,因此,他们两人之间的战争已经不可避免。恰于此时,公孙瓒有理由进攻袁绍了。

当初袁绍和袁术因在对待刘虞一事上立场不一,两兄弟遂结下私怨。袁绍因此乘着孙坚进攻洛阳而未回驻地时,派出周喁袭击孙坚的领地阳人城。孙坚无奈,只得放弃继续西进讨伐董卓,领兵东归,大败周喁。袁术当时和孙坚同一战线,而周喁有个哥哥周昕素来厌恶袁术淫虐,因此袁术派出吴景攻打周昕。

袁术和周昕一打起来,周昕的两个弟弟周昂和周喁便领兵相助,恰逢公孙瓒刚派堂弟公孙越到袁术处结好,袁术因此请来公孙越帮忙攻打周昂。不幸的是,公孙越于战争中被流矢射中而死。公孙瓒得知后,非常生气,认为公孙越之所以会死,都是因为袁绍当初派出周氏兄弟攻打孙坚的结果。公孙瓒不怪直接伤害者周昂,而扯了几层关系去怪袁绍,可见其与袁绍之间的仇怨。

既然公孙瓒已经有了理由,大战也就可以开始了,因此公孙瓒出兵驻扎在磐河(今河北境内),以为弟报仇为名义准备出兵袁绍。时为汉献帝初平二年(公元191年)冬。

袁绍当时的实力弱于公孙瓒,因此对于公孙瓒的准备进攻有所畏惧。袁绍遂将渤海太守的印章交给了公孙瓒的堂弟公孙范,派他到南皮结好公孙瓒。只是公孙范当然倾向于自己的亲戚一边,因此他背叛了袁绍,以渤海的兵力协助公孙瓒。公孙瓒继而大破青州、徐州的黄巾余党,死者数万,血流成河,公孙瓒因此实力大增,名望威震河北,冀州诸城官员多望风归降。公孙瓒接着罗列了袁绍的十大罪状,向其逼近,进驻界桥(今河北威县境内)。

袁绍见公孙瓒攻势凌厉,知道求和已经无法阻挡公孙瓒进攻的决心,只好亲自领兵迎战公孙瓒,屯军于广川县(今河北枣强东北),与公孙瓒对峙于界桥南二十里处。时汉献帝初平三年(公元192年)春。

两军对战,各列一方。公孙瓒以三万步兵排列成方阵,两翼分别配备骑兵五千多,中心为主力"白马义从"。"白马义从"原是公孙瓒所亲自带领的精锐骑兵,因个个跟随公孙瓒骑着白马,故而得名。另一边,袁绍以麹义带领八百步兵和数千弩兵为先锋,迎战公孙瓒,自己则以兵数万在后静待。

麹义身经百战,屡建战功,是战场上的一流将军。然而公孙瓒却轻视麹义带兵之少,直接命令骑兵进攻。麹义见骑兵扬尘而来，命令手下兵士伏在盾牌之下静待不动，待骑兵冲锋到了距离几十步的前方后，再命令士兵同时举起，扬尘大叫，往前冲击。公孙瓒的先锋骑兵被麹义的弩兵射倒无数，麹义又临阵斩将，遂大败敌军，斩首千余。

公孙瓒首战失利，带兵而逃。麹义乘胜追击，赶到了界桥，大破公孙瓒。麹义兵不止步地直攻公孙瓒的营寨，营里士兵尽皆逃亡。麹义一路得胜，连破敌军，消息传到袁绍那里。袁绍此时还未追赶到桥头，听说麹义得胜，便放松戒备，令大军先行，自己只留数十强弩和百余枪兵跟随身边。在袁绍稍事休息之时，不料公孙瓒部下逃散的两千余骑兵突然出现，重重包围了袁绍，外围弓箭直下，袁绍有性命之忧。

袁绍的别驾田丰见势危急，拉着袁绍，要他退入一堵矮墙里。袁绍毅然拒绝，将头盔猛地扔在地上，终于说出了一句符合自己身份的伟大名言："大丈夫当前斗死，而入墙间，岂可得活乎？"（《英雄记》）袁绍亲自指挥弩兵应战，弩兵见袁绍不惧死，遂士气大增，射杀了不少敌骑。敌骑应不知道袁绍也在其中，因此渐渐散去。后麹义领兵来救，袁绍得以解围。

界桥之战中，袁绍军以少胜多，表现不凡，尤其是麹义，创造了以步兵和弩兵战胜骑兵的经典战例。这战虽没有重创公孙瓒，却也因此成功遏制了公孙瓒的南侵，大大挫败了其进攻冀州的锐气，从此改变了公孙强而袁氏弱的军事格局，打破了袁绍在冀州的被动局面，开始形成了两军均势的局面，为后来袁绍称雄河北奠定了一个很好的基础。

公孙瓒在界桥之战后有所不甘，因此不久后便派兵与袁绍再战于龙凑，终被袁绍所败，只得退回幽州，在蓟县（今北京大兴区）东南另筑小城驻守。袁绍破了公孙瓒后，从邺城南下薄落津，大摆宴席庆贺兵胜。这时，魏郡发生了兵变，造反的兵士和黑山余军联合，占领了邺城。袁绍立即大举进剿起义军，他先围攻黑山军，杀害其首领于毒，然后又凶狠地镇压了多支起义军。

袁绍败公孙，平叛乱后，便开始夺取北方四州的计划，他以他的长子袁谭为青州刺史，进攻公孙瓒所任刺史田楷。田楷多次败于袁谭，令袁氏势力顺利进入青州。不久，汉廷派使臣赵岐来到关东，为袁氏与公孙两家讲和，两军遂暂时罢兵休战。时汉献帝初平四年（公元193年）春。

公孙瓒和袁绍近两年的连续争斗扭转了两军实力，公孙瓒由开始的主动转入被动状态，再无力进攻袁绍，只得安分地驻守幽州蓟县。

当时幽州刺史由刘虞担任。之前，刘虞与公孙瓒一起受命平定北方的叛乱。刘虞主怀柔政策，北方民族遂多降他。而公孙瓒对当地百姓却多行劫掠之事，两人政见有所不合，所以之间素有矛盾。后来献帝被董卓迁往长安时，因怀念洛阳，因此偷偷派刘虞在长安的儿子刘和逃到刘虞处，让刘虞率兵前来相迎。刘和途经袁术驻地，袁术得知其事遂将其扣留，然后让刘和写信给刘虞，说让刘虞率兵来为袁术后援，一起进入长安。

公孙瓒认为袁术必定有所阴谋而制止刘虞前往，然而刘虞念子心切，不听公孙瓒之言。公孙瓒担心袁术知道他对刘虞有所劝说后会记恨着他，因此派公孙越率兵到袁术处结好，又暗地让袁术扣留刘和并夺其兵马。由此，公孙瓒和刘虞的矛盾越来越深。

直至公孙瓒逃回蓟县时，自视威望不输刘虞，因此不服从刘虞的管理，常常违抗命令。刘虞因此多次上书朝廷，告发公孙瓒掠夺百姓的罪行，公孙瓒也上表朝廷说刘虞办事不利，两人成见遂日渐加深，到最后也就只有兵戎相见了。只是刘虞常有仁义之心，万事以和为贵，因此手下士兵多不善战，又顾忌着百姓，故久攻公孙瓒的城池不下。

公孙瓒后招募精兵数百，顺着风势放火，趁势杀入刘虞兵营，刘虞遂大败，逃往北方居庸县。公孙瓒追击，不到三天便攻破了居庸城，活捉刘虞及其家人，诬蔑刘虞先前与袁绍阴谋称帝而欲将其斩首示众。公孙瓒押刘虞来到刑场，然后说："若虞应为天子者，天当风雨以相救。"（《后汉书·刘虞传》）可是当时干旱已久，怎么可能下雨？刘虞因此被杀。时汉献帝初平四年（公元193年）冬。公孙瓒杀了刘虞后，遂得到了整个幽州，从此坐拥幽州与袁绍对峙。然而公孙瓒日益骄矜，不恤民情，睚眦必报，加之刘虞之前在北方素得百姓敬仰，所以公孙瓒无法得幽州民心，最后兵败也是必然。

自此，袁绍占据了北部中国的大半壁江山。为什么这样一个在之前都一无是处的人物在这里的形象突然高大起来了呢？事实上吞并河北地区的整个过程都与袁绍身边的谋士集团离不开。袁绍虽然暗弱，但是毕竟有一个名门之后的名头，这个名头招致许多的谋士前来投靠，希望能够在袁绍这里实现自己毕生的抱负。

这其中虽然良莠不齐，但也有相当多的当世奇才，比如沮授等人。袁绍经略河北，后半期就是按照沮授的战略层层推进的，因此才会获得成功。但是袁绍这个人毛病也是显而易见的，一旦他取得了成功往往就会骄傲自满起来，把所有的功勋都看成是自己的，这也为他以后的人生悲剧铺下了伏笔。

前文说过袁绍和袁术两兄弟是直接导致反董同盟军失败解散的原因，而这两个人在盟军解散之后竟然又恰巧一个在南方一个在北方，都在思考着怎么样扩大自己的地盘。就在北边袁绍和公孙瓒忙活得热火朝天的时候，南边的弟弟袁术也没闲着，一场场战争也在南方接连不断地上演着。

恩怨难了

袁术与公孙瓒联合对抗其兄袁绍，袁绍为挟制住袁术，找来了当时位于江东一带大有势力，且因争夺荆州一带而与袁术早有恩怨的刘表。

刘表，字景升，皇室一族，生于汉顺帝汉安元年（公元142年），山阳郡高平（今山东微山北两城镇）人。刘表年轻时便负有胜名，当时著名的名士"八俊""八顾"和"八及"里均有他的位置。刘表曾于党锢时期受到讪议而被迫逃亡，后党禁解除，才受何进之命辟为掾，再次入朝当官。汉献帝初平元年（公元190年），荆州刺史王睿被孙坚所杀，董卓因此上书遣刘表继任。

刘表欲赴荆州，然而当时通往荆州的道路贼寇连连，兼之袁术屯兵鲁阳，领南阳之众，所以刘表难以通过。无奈之下，刘表只好隐匿名字，独自一人赶赴荆州，才得以躲过袁术等人的眼线,顺利到得任所。

刘表到荆州后,看江南一带如此不平,贼寇不降,势力割据,想征兵独立一方,又怕无人应征,因此刘表请来了当地名士蒯良(字子柔)、蒯越(字异度)和蔡瑁(字德珪)相助自己,向他们询问对策。刘表问他们:"宗贼甚盛,而众不附,袁术因之,祸今至矣!吾欲征兵,恐不集,其策安出?"(司马彪《战略》)

蒯良和蒯越是两兄弟,为西汉初名臣蒯通后代,二人皆是足智多谋之人。蒯良就给刘表出了个主意:"众不附者,仁不足也,附而不治者,义不足也;苟仁义之道行,百姓归之如水之趣趋下,何患所至之不从而问兴兵与策乎?"(司马彪《战略》)

蒯良以仁义一套说法,认为刘表只要以仁义施政,百姓自然来归。但是他的弟弟蒯越有不同的意见,他说:"治平者先仁义,治乱者先权谋。……越有所素养者,使示之以利,必以众来。君诛其无道,抚而用之。一州之人,有乐存之心,闻君盛德,必襁负而至矣。兵集众附,南据江陵,北守襄阳,荆州八郡可传檄而定。术等虽至,无能为也。"(司马彪《战略》)蒯越认为乱世之中不宜一概以仁治之,他愿意带领手下善辩之人往贼寇处诱降,斩其首领而收其众,则可得兵,而荆州八郡亦可定。

两人的提议相较之下,蒯越更合时宜,而蒯良则有长远发展的战略眼光,因此刘表就说了:"子柔之言,雍季之论也。异度之计,臼犯之谋也。"(司马彪《战略》)所以刘表对两人之计并没有顾此失彼，在如今危急之时，他先采用了蒯越的计划，结果一切如计划而行，荆州贼寇遂平，刘表因此以襄阳为治所，雄踞荆州。

然而袁术当时还虎踞南阳，与公孙瓒合作对抗袁绍，袁绍因此南连刘表，利用刘表在南方的势力牵制住袁术。凭袁氏在当时的声望和实力，两兄弟如若合作，难以说无法成就大业，然而他们却"舍近交远"，合外人之兵来掀自家人墙角，本家先不和，又如何和国？

袁术与刘表开战，派出孙坚征讨荆州，攻打刘表。刘表派黄祖在樊城、邓县之间迎战。首战孙坚击败黄祖，乘胜追击至襄阳。刘表襄阳被围，坚守城门，派黄祖乘夜出城调集兵士。黄祖调兵归来，被孙坚发现，两军大战，黄祖败走到岘山，孙坚往前追击，被躲于丛林间的黄祖部将暗箭所伤，一代猛将从此陨落战场。时汉献帝初平二年（公元191年）。

孙坚一生作战勇猛，为孙氏基业奠定了不可磨灭的基础功绩，可惜天妒英才，三十六岁便殒命战场。然而孙坚向来对儿子教养有方，所以孙坚虽死，天却不绝孙氏。

刘表有效抵挡了孙坚的进攻，虽然从此得罪了江南孙氏，却也就此稳定了荆州的局势。而刘表此人并不好战，只希望能固守荆州，因此，刘表让荆襄八郡成了一个相对当时战乱而言较为安定的地方。在这种平和的环境下，荆州引来了众多名士寓居于此，成了一个才俊聚集的人才之地。

袁术见刘表已经在荆州坐稳了，一时难以攻克，因此将目标转向了当时刚入主兖州的曹操。

曹操自从破了黑山军,领了东郡太守后,便于东郡发展势力。然而东郡终究只不过是一个郡而已,曹操要想让自己跻身诸雄争霸之列,就必须拿下一个州。而这时,曹操的机会来了。

汉献帝初平三年(公元192年)四月,青州一带的黄巾军直入兖州,大破兖州数郡,斩杀了兖州刺史刘岱,整个兖州为之震动。刘岱既死,兖州少了长官,这时曹操的一个部下陈宫就对曹操说了:"州今无主,而王命断绝,宫请说州中,明府寻往牧之,资之以收天下,此霸王之业也。"曹操自然也有心坐领兖州,因此命陈宫前往兖州治中、别驾处劝说他们,陈宫对他们说:"今天下分裂而州无主;曹东郡,命世之才也,若迎以牧州,必宁生民。"(《世说新语》)当时济北相鲍信素与曹操交好,又看重曹操是个人才,因此也十分赞同。兖州治中万潜遂同意了他们的提议,和鲍信亲自到东郡迎接曹操就任兖州牧。

曹操既任兖州牧,第一任务便是平定黄巾之乱。当时曹操兵少,新征的兵又没实战经验,而黄巾军久经沙场,因此首战曹操便败于黄巾军。曹操军士气大降,曹操于是亲自披坚执锐,到营寨巡视激励将士。士兵们见曹操如此,士气大振,奋力击退黄巾军。黄巾将领见兖州军奋起抵抗,因此作书给曹操,写着:"昔在济南,毁坏神坛,其道乃与中黄太乙同,似若知道,今更迷惑。汉行已尽,黄家当立。天之大运,非君才力所能存也。"

曹操见信，大骂黄巾军，遂昼夜与之会战。当时鲍信死于战场，尸体无得，其士兵因此做其木像，祭拜而哭之。后曹操一路败黄巾，黄巾军败退到济北，无路可退，遂降于曹操。降者三十多万，曹操于是收其中精锐士兵，组成军队"青州兵"。青州兵子承父业，随曹操征战沙场多年，是曹操的得力士兵，后到曹操去世，青州兵也随之而散。

击败并收编青州的黄巾军后，曹操实力大为增强，后又击退朝廷所拜兖州刺史金尚，金尚逃往袁术处，曹操遂正式入主兖州。

当时袁术正在豫州南阳与荆州刘表对峙着，见曹操忽然进入了自己北方的兖州，而曹操当时还属于袁绍一方，自然有所顾忌。因此，袁术想趁着曹操刚入兖州、坐镇未稳之机出击曹操，随即带兵进军陈留，屯驻封丘，当时有黑山军余部和南匈奴协助袁术。南面刘表见袁术北上，便出兵进逼南阳，切断了袁术的粮道。曹操趁机出兵匡亭，大败袁术部将刘详。袁术得知刘详有失，急忙领兵前往援救，却被曹操所败，退守封丘。曹操军乘胜挥师追击，在襄邑（今河南睢县）、宁陵（今河南宁陵西）连败袁术，袁术节节败退，逃至九江郡淮河流域一带。时汉献帝初平四年（公元193年）初。

曹操与袁术一战，使他得以南除袁术的威胁，更好地在兖州发展，而袁术却因此失掉根据地南阳郡。后袁术集散起败兵于当年三月进攻扬州寿春（今安徽寿州），驱逐了扬州刺史陈瑀，自领扬州。不久，朝廷拜袁术为左将军、假节，封阳翟侯，算是承认了他的扬州刺史职位。袁术因此以寿春为治所,割据了淮南一带。

汉室天下,无论北方、南方均战乱连连,而此时位于西方函谷关关外的长安,自董卓死后,却也不见安静。

西方在群殴

东边天下被袁氏两兄弟领诸群雄闹得乱哄哄的,西边独坐一方的长安,王允成功诛杀了董卓,却也终究难逃居功自傲的常戏,后又因在处理董卓部将的问题上有所失当,导致了长安重新落入了贼寇之手。

董卓被杀后,王允因功录尚书事,总理朝政。因成功诛杀了董卓,王允得到了朝廷大臣的称赞和百姓的敬仰。或许人一老便容易自傲,此时的王允飘飘然了,认为董卓这样的大祸害都让他给杀了,还能有什么问题他解决不了!因此每次朝廷会议时,王允都摆起一副严肃的面孔,缺少温和的脸色,自视功高,不听从别人的意见。王允骄傲至此,宫中大臣遂不像以前那样推崇和拥护他了。

当时曾是董卓部下的蔡邕,听到了董卓被杀的消息,感到很突然,不由自主地发出了一声叹息。在他旁边的王允一听到,顿时勃然大怒，斥责蔡邕说："董卓国之大贼，几倾汉室。君为王臣，所宜同忿，而怀其私遇，以忘大节！今天诛有罪，而反相伤痛，岂不共为逆哉？"(《后汉书·蔡邕传》)随即将蔡邕收下治罪，准备斩首。

蔡邕自己上书，乞求将死刑降为黥首刖足，即刻额染墨，截断双脚，这样可以续写《汉史》。蔡邕是当时名士，士大夫也因此大多向王允说情，时任太尉的马日磾在听到消息后，立即驰车前往王允处，请求他让蔡邕接着写《汉史》。然而王允听不下去，竟然说："昔武帝不杀司马迁，使作谤书，流于后世。方今国祚中衰，神器不固，不可令佞臣执笔在幼主左右。既无益圣德，复使吾党蒙其讪议。"(《后汉书·蔡邕传》)

王允一人独霸，对自己做出的决定不容许别人辩驳，竟然说出这样的理由，难怪马日磾退出后要说："王公其不长世乎？善人，国之纪也；制作，国之典也。灭纪废典，其能久乎！"(《后汉书·蔡邕传》)等到蔡邕被处死后，王允才追悔莫及。当时位于北海的大学者郑玄听说蔡邕被杀，深深地感叹道："汉世之事，谁与正之！"(《三国志·蔡邕传》)

王允的居功自傲是导致其后来失败的原因之一，然而最主要的原因还是在于对董卓部将的处理不当上。

董卓既死，然而董卓的旧部牛辅、李傕、郭汜、张济等人还在西凉处握有重兵，因此如何妥善解决这些旧部是一个较为重要的问题。当时有人建议王允赦免他们，王允一开始也有这样的想法。然而过了不久，王允又改变了主意，他认为现在如果特意赦免他们，说不定反而会令他们猜疑恐惧，因此不是个好策略。所以王允又打算削夺这些将领的兵权，取缔他们，并且利用关东军来控制他们。有人听了王允的想法后，劝谏他说："凉州人素惮袁氏而畏关东。今若一旦解兵，则必人人自危。可以皇甫义真（皇甫嵩）为将军，就领其众，因使留陕以安抚之，而徐与关东通谋，以观其变。"（《后汉书·王允传》）但是王允认为采取这个计策，虽然西凉可安定，却可能引来关东军的疑心，所以拒绝了。这实际上等于王允自己关闭了"和谈的大门"。

事实上，董卓死后，其部下大多是董卓自关外所带来的兵士和将领，对于他们来说，最重要的恐怕不是究竟是谁掌握对他们的指挥权，而是他们自己的生活能够得到什么样的保障。毕竟这些士兵大多数也是穷苦人家的孩子，当兵只不过是为了混口饭吃。那些将领也不过是董卓的旧部，董卓的残暴无道他们也看在眼里，董卓在的时候他们只能成为帮凶，董卓现在不在了，他们完全可以选择自己未来的走向而不至于明目张胆地反抗朝廷。不过这一切都需要一个前提，即对于他们这些将领人身安全的保证。

当时王允如果不这么犹犹豫豫，如果能够采取一些安抚军心的措施，不但他所关心的关东联军不会对他起疑，就算是这些原来董卓的部曲也不会对他有任何疑问。因为当时王允的话就代表了朝廷，代表了皇帝。只要他一句赦免，让这些将领和士兵与董卓所犯下的罪行划清界限，一笔勾销，恐怕事情的进展就不会恶化。只不过,王允并没有这种能力与胆识,命中注定大汉将要遭受到一场新的劫难。

虽然王允还在犹豫之中,然而取缔凉州兵的风声已经在百姓间传播了,一时之间,凉州百姓人心惶惶,董卓的旧部们个个成了惊弓之鸟。加上当时统领牛辅被手下暗杀,李傕等人无所依,因此做出了解散军队,逃回乡里的决定。可是董卓手下有一个官吏叫做贾诩的,他这时站出来阻止他们了。

贾诩对李傕等人说:"闻长安中议欲尽诛凉州人,而诸君弃众单行,即一亭长能束君矣。不如率众而西,所在收兵,以攻长安,为董公报仇,幸而事济,奉国家以征天下,若不济,走未后也。"(《三国志·贾诩传》)贾诩的计策无非为求自保,当时人人憎恨董卓,曾跟随董卓之人又有几个能受人尊崇的?所以李傕等人若解散士兵,自己的性命将危在旦夕。李傕等人都认为贾诩说得很有道理,遂集合凉州兵士进攻长安,一路攻城杀将,到了长安时已聚集十万余士兵。

李傕等到了长安后,又遇董卓的旧部樊稠等人,遂一起攻城。朝廷不堪一击,李傕等只用了十天便将长安城攻陷。吕布迎战,大败,急忙逃奔至青琐门下,招呼王允一同逃走。然而王允正色拒绝道:"若蒙社稷之灵,上安国家,吾之愿也。如其不获,则奉身以死之。朝廷幼少,恃我而已,临难苟免,吾不忍也。怒力谢关东诸公,勤以国家为念。"(《后汉书·王允传》)吕布遂逃,王允带着汉献帝躲到了宣平城门上。

李傕、郭汜等兵进长安，滥杀无辜，纵兵劫掠，"吏民死者不可胜数"。他们追到了宣平城门，李傕等见皇帝在上，跪拜叩头。献帝质问李傕等人说："卿无作威福，而乃放兵纵横，欲何为乎？"李傕回献帝说："董卓忠于陛下，而无故为吕布所杀。臣等为卓报仇，弗敢为逆也。请事竟，诣廷尉受罪。"（张璠《汉纪》）王允看到事情到了这一步，已经逃不过，只好出见李傕，后李傕诛杀王允及其家人宗族十余人，城中百姓得知王允已死，莫不流涕。时为汉献帝初平三年（公元192年）。

王允一生力图复兴汉室的努力终究是失败了，这也是历史趋势，非王允所能阻挡。然而王允的努力对于当时董卓的暴政仍是有缓和作用的，所以王允功不可没。

王允死后，李傕、郭汜和樊稠三人步董卓之后，再次把持朝政，逼迫皇帝对他们封官加爵，又诛杀忠良，搞得京城腥风血雨，朝野大乱。汉朝现在如此，皆因昔日贾诩一句话。贾诩虽是个聪明之人，然在乱世之中为求自保，遂将京城推入另一场风雨之中，所以裴松之说贾诩的罪过——"一何大哉！"

当时长安再遇战乱，而关东军之间彼此征伐，根本无暇顾及汉廷风雨。此时能和李傕叫板的，也必是同为关西势力，拥兵自重的马腾和韩遂了。

汉灵帝中平元年（公元184年），西方的羌、胡等叛乱，其主北宫伯玉和李文侯劫持了边章和韩遂，拥立他们为主帅，割据一方。边章和韩遂多次击败朝廷派来征讨的官员，后韩遂于中平四年（公元187年）杀死了边章、北宫伯玉和李文侯，吞并了他们的部队，攻占了陇西郡。时凉州刺史耿鄙率凉州六郡之兵征讨韩遂，然而耿鄙素来不得吏民之心，后终究被手下杀死。当时耿鄙有一位军司马叫作马腾，是当年东汉著名的开国将领马援的后代，他见耿鄙已死，于是和韩遂联合，占据了整个三辅地区（今陕西中部）。

后董卓进了长安，自然要拉拢西凉这边的大势力，因此他于初平三年（公元192年）初召来了马腾和韩遂。待马腾、韩遂到达长安时，董卓已死，李傕等人专权。李傕见马腾他们前来，于是拜韩馥为镇西将军，令其返回金城，拜马腾为征西将军，令其屯驻于郿城。

后马腾有私事求于李傕，却没有得到李傕的应允。马腾一怒之下，遂率兵相攻，献帝派出使者劝解也无济于事。后韩遂从金城率兵前来，本为劝解，却反而与马腾联合，一起进攻李傕。当时朝中大臣种邵、马宇、刘范早有心诛杀李傕等人，因此秘密与马腾联系，愿作为内应帮助马腾，后来事败，种邵等人遂逃至槐里。李傕令樊稠、郭汜和侄子李利出兵对抗马腾，马腾和韩遂抵挡不住，败回西凉。韩遂因此求见樊稠，因两人是同乡，所以谈笑聊天，关系甚密。后樊稠部队带兵直攻到槐里杀了种邵等人。回到长安后，李利将樊稠见韩遂一事告诉了李傕，李傕和樊稠之间由是开始互相猜疑。后朝廷赦免了马腾、韩遂，并拜官，时为汉献帝初平五年（公元194年）。

东方在乱，西方也在乱，整个汉室已没有平静的地方。而此时曹操领了兖州牧，吕布逃出长安进入了中原大地，孙坚的长子孙策继父之志，因此，原本由二袁领群雄争霸的局势也随之发生了改变。

代表父亲消灭你们

汉献帝初平三年（公元192年），曹操正在春风得意之时——兖州刺史刘岱身死，曹操在济北相鲍信等人的支持下自领兖州牧，取得了一块至关重要的"根据地"。东汉末年，兖州所辖区域虽不大，但其地处中原，四通八达，人才辈出，地理位置是军事上的必争之地，这在东汉末年中原群雄割据的事态下更显突出。曹操后来所拥有的众多"智囊"如荀彧、程昱等人均在这一地区加入到曹操的队伍之中。有道是"得民心者得天下"，除了掌握人才之外，曹操更重要的动作是掌握了一支由黄巾旧部所组成的"青州兵"。在这一年，青州兵成为了曹操手中最为精锐的一支部队，在那个冷兵器制胜，全靠人口来应战的时代，人是最为重要的资源，《三国志·武帝纪》记载曹操"受降卒三十余万，男女百余万口，收其精锐者，号为青州兵"。这"百余万口"对曹操来说可谓是如虎添翼，可以将其看作是曹操征伐天下的原始资本。

本就雄才大略,又有智囊、兵士相助,再加上一块梦寐以求的兖州根据地,这时的曹操可谓是天不怕地不怕,占据了中原诸侯的先机。于是,古人所最为敬重的孝道终于得以让曹操有机会展现一番,他想让自己的父亲看看原先的那个不争气的"曹阿瞒"今天在中原大地挥斥方遒的姿态是何等的风光,于是便下达了接父亲来兖州的命令,谁知,这道命令却导致了曹操在官渡之战前最难过的一段时期的开始。

曹嵩于中平五年(公元188年)罢太尉官后,曾回谯县,因躲避兵乱,便和曹操的弟弟曹德移居徐州琅琊郡。父亲在接到曹操的来信时,看到儿子能有今天的成就自然十分欢喜,便欣然前往。

初平四年(公元193年),曹嵩携其一干家眷往兖州出发,曹家的财物装满百余辆车,一路浩浩荡荡,谁想到当车队行到泰山郡时,遭到徐州牧陶谦属下将士抢劫,曹嵩及少子曹德遇害。这成为历史上一个著名的事件。

关于这一事件的前因后果,许多人做出了许多种猜测,而其中尤以《三国演义》的说法最为流行,认为陶谦是想讨好曹操才派自己的手下前去"迎接"曹嵩一行,谁想到自己的手下"见钱眼开",看到曹嵩一家所聚敛的大量财富,突生邪念,一瞬间的功夫什么忠于主公什么礼义廉耻全都不要了,杀了人抢了钱再说。他们倒是逍遥自在,却使得自己的主公成了曹操的出气筒,于是曹操大兵压境,此为后话。

演义毕竟是演义，正史中的记载却与此有着千差万别，至少不止一本史书证明陶谦就是此"徐州老父惨死事件"的罪魁祸首，曹操为父请命，一点也没冤枉这个白胡子的老陶谦。"为陶谦所害"成为了史书中描述这个事件最常用的一个判断。

描绘魏晋故事的笔记《世说新语》中的叙述更生动也更有意思，虽是野史也颇得玩味。按照《世说新语》当中的记载：那日，曹嵩尚在泰山华县，曹操命令泰山太守应劭送曹嵩前往自己的根据地兖州，应劭在规定的时间之内并没有前来护卫。陶谦秘密派遣了数千骑兵突然进行了袭击。其时，曹嵩一家以为接兵已至便没有任何防备，这就成了惨案的开始。

陶谦的士兵到了之后先杀曹操的幼弟曹德，曹嵩看到这个情况后大为惊慌，于是赶忙从后墙逃跑，他的小妾先逃却因为太胖而不能逃出，于是曹嵩又逃到了厕所，最终和自己的小妾一起被杀。后来应劭带兵而来，万分震惊，自知自己脑袋难保，于是弃官跑到了袁绍那边。等到曹操占领冀州之后，再想找到应劭，应劭此时已经死了。

这段记载详细地描述了当时案件的种种，可谓是最为详尽的记录，可终究属于野史，只能作为一笑谈而已，否则曹嵩与其妾相拥而亡也可作为古今之悲情往事。但无论怎样，凶手是陶谦这是一铁定的事实，无论如何三军所指都是陶谦，这个实实在在的"奸雄"。

曹操在接到父亲被杀的这个消息之后，原先的种种幻想都成为了泡影，本来是扬威四方的一件重要大事，却成为了这么悲惨的一个结果。过去爱开玩笑的少年，想起曾和父亲的种种，即便真是铁石心肠也应该会留下滚滚热泪。这次事件让曹操意识到，自己还远未达到可以奠定大业的时候。曹操毕竟是曹操，他马上从失去父亲的悲痛之中觉醒过来，他想到这是一个巨大的机会。

古时，孝比天大，至仁至孝之人才可以获得全天下读书人的肯定，即便是放荡不羁的曹操也明白这样一个道理。徐州位于兖州之东，自古以来就是富庶之地，地域面积较兖州来说更为广大，物产资源也更加丰富，更重要的是东临大海，后方有所保证，对曹操来讲，是必须要争取的一块地盘。但是，刚刚那个罪魁祸首陶谦对当地的人民其实不错。史书上记载他"在官清白，无以纠举"，并且在徐州当地广设"屯田"，即命令兵士在当地进行屯垦，一是解决了兵员在非战时的生活问题，二是解决了农民平常耕地劳动力的不足，最重要的是解决了战争对于生产力破坏的问题，"让当地的百姓吃得饱"，这就是一位州牧在东汉末年所能作出的最为值得表彰的贡献。

当时，整个徐州的百姓生活殷实，确实比起临近的兖州和青州来说日子要过的好得多。这也就难怪《三国演义》当中会把陶谦表述成那样的一个老好人。这对于徐州当地的人民来说可是一件好事，毕竟在兵荒马乱的年代能赶上这么一位爱民的好官可谓是一大幸事，但是另一方面，这样的仁政，这样的民心对曹操来讲是眼下比十万雄兵更加可怕的障碍，如果在陶谦享有极高的社会声望的时候对其进行打击势必会伤及曹操自己。

人心向背是决定战争胜利的重要因素，一旦战争的一方有了精神力量那是相当可怕，所需要动员的人力物力要比以往所耗费的呈几何级数向上增长。另一方面，对于曹操来说，即便能够夺取徐州，当地百姓也未必会支持曹操继续他的大业。但是由于有了曹嵩的牺牲，事情就发生了变化。在曹操看来，更是在全天下看来，曹操跟陶谦无冤无仇，陶谦却诛杀我过路的父亲和兄弟，是陶谦丧尽天良在先，就不要怪曹操不仁不义了。

这在无形中给了曹操进攻徐州讨伐陶谦的一大口实。于是曹操大呼："为父报仇！"开始了征伐徐州的军事计划。曹操以报父仇为名，大兴挞伐之师，接连攻下徐州十几个县城。陶谦退保郯县（今山东郯城），曹操攻之不克，转而攻屠取虑（今江苏睢宁县西南）、睢陵（今江苏睢宁县）、夏丘（今安徽泗县）等县，史书记载"凡杀男女数十万人，鸡犬无余，泗水为之不流，自是五县城堡，无复行迹。初三辅遭李傕乱，百姓流依谦者皆歼"。

熊熊燃烧的仇恨之火燃烧了曹操的心灵，史书上的片言记载，在历史上却是累累白骨如山。"泗水为之不流"可谓是最为令人胆战心惊的文字，整个河道被尸体所堆满而出现断流，这是怎样的地狱景象。两位奸雄的恩怨使得百姓遭此大难不能不使人心生怅惋，但历史就是历史，英雄的功勋无一不是建立在累累白骨之上的，对于奸雄来说更是如此。兴平元年（公元194年）二月，陶谦面对自己一手造成的大祸肯定是万分后悔，但是现在后悔已经晚了，曹操真正已经到了"杀人不眨眼"的程度，于是不得不告急于临近的青州刺史田楷。此时，当时还是非著名英雄的刘、关、张三人应邀来驰援陶谦，于是也开始成就了刘备在徐州的种种渊源。

　　陶谦表刘备为豫州刺史，让他驻守小沛。历史上被演绎的所谓"三让徐州"的故事在这里就埋下了重要的伏笔。刘、关、张强悍吗？自然十分强悍，但是目前的情况是曹操要比他们更加强悍。刘、关、张很难对曹操有什么实质上的威胁，威胁是什么？产生于曹操自己，因为这次军事行动纯属意外，俗话说"兵马未动粮草先行"，曹操这次远征因为是在十分仓促的条件下进行的，所以在这重要的一点上出了纰漏。这时候已经是"军食亦尽"。不得不退兵而去。

　　这杀父之仇就这样完了吗？当然没完，这场为父报仇的好戏才刚刚上演，只不过没有曹操所想像得那么简单而已。

徐州轮回坐

历史是胜利者写就的,更是胜利者所彪炳的,曹操成家立业的过程足可以成为我们这些后世看客的典范和楷模。而对于兖州的争夺更是曹操除官渡之战外辉煌灿烂的一笔,个中艰辛实值得玩味。

上节说道,曹操第一次进攻徐州造成了"泗水为之不流"的"人间奇观"。充分体现了其作为一代奸雄所展现的性格。即便出师有名,如此大范围的屠戮百姓也会使当地的民众对其充满愤怒,也使曹操在人性上大为失分,这也就为后来为什么刘备能够在徐州立足的原因之一。

现在看来小说家所杜撰的"宁教我负天下人,休教天下人负我"的千古名言对于这样的奸雄来说是具有相当的合理性的。在此后的民间传说中,曹操的形象更是得到了史无前例的破坏与颠覆,这不能不说是曹操自己在对待百姓的这个问题上出了相当大的偏差。但是，这事情还是没完，曹操不能够容忍自己的近旁有这样一个"奸险无义"之徒，更重要的是不能允许在自己的根据地旁有这样的一个掌握民心的军阀政权存在。只要这个地区的民心还在陶谦一边，这场战争就不会结束。

这场战争已经不单单是作为曹操为父亲报仇的战争，更上升为曹操夺取中原霸权的一个非常重要的组成部分。战争意义已经上升到这样的一个高度，就更加说明了第一次退兵仅仅是一次意外，是在曹操准备不足粮草不够的情况下不得不做出的无奈之举，同时更昭示着曹操重返之时将是更加残忍的杀戮与掠夺。复仇成了曹操词典中最重要的文字，徐州成了曹操眼中早已收归所有的一块囊中之物。

汉献帝兴平元年（公元194年）四月，曹操命令其最为看重的两个谋士荀彧和程昱守着自己的兖州治所鄄城，后来的事实证明这是相当重要的决断，这一决定在关键时刻挽救了曹操的命运，此为后话。曹操在这时仍然踌躇满志，期待着这次的徐州之行能够为自己夺取相当的利益。曹操自己率领大军再次出现在徐州的地面上，一时间又是一段腥风血雨。大军所到之处，所向披靡。在徐州地界曹军如入无人之境，大肆烧杀抢掠，比第一次更甚。

事实上，经过第一次的征伐，陶谦的徐州早已从人间乐土变成了人间地狱，不但没有办法再调集真正有作战能力的兵员，甚至连陶谦最引以为豪的屯田制度也没有办法推行。兵荒马乱，人人自危，谁还能去管粮食生产？陶谦的部队士气低落，一溃千里。徐州——这个曾经的东汉末年"屯田样板实验区"被糟蹋得不成样子,真正成了"无人之境"。

曹操不断征伐,连下五城,大军一路向东一直扫荡到了琅琊东海两郡。将兖州与争夺到的领地连成一片。徐州已经成为煮熟的鸭子,拿下仅仅是时间问题。摆在曹操面前的就是陶谦本部的所在地——郯县,报杀父之仇的机会终于到了,而这时,面对曹操的不单单是那个缺乏仁义的老陶谦,更是有着满口仁义道德的大耳刘备和他的两个同榻相卧的患难兄弟。一场恶战即将打响。

陶谦部将曹豹和刘备屯兵在郯东,拦截曹操兵。这已经是在当时的情况下陶谦所能做出的最为顽强的抵抗。但三个臭皮匠毕竟抵不上一个活曹操,在曹操的精心布置下,陶刘联军原先在郯县东郊阻击曹操的计划完全破产,被曹操完全击破,陶谦只得狼狈地逃亡到还属于自己控制的丹阳。史书记载,此战之后曹操"遂攻拔襄贲,所过多所残戮"。可以想见,这样的大战又对当时的民众产生了怎样的伤害。

《三国志》裴松之注引孙盛曰:"夫伐罪吊民,古之令轨;罪谦之由,而残其属部,过矣。"这样的评价对于曹操这次的军事行动来说是不为过的。无论出于何种理由利用什么手法,这样大范围的杀戮必定会伤及无辜,剥夺无数人的宝贵生命,并且也会让跟随曹操的不少士人寒心,事实也证明兖州后来的叛乱就与曹操在徐州征战的过程当中过于残酷有关。但是生逢乱世,每个人也许都有这样的觉悟与必死的决心,如若没有也就不能造就英雄辈出豪杰并起的三国大势。

陶谦经此一战，元气大伤，即便有刘备在旁也无法阻止其战败的命运。曹操更是要乘胜追击，把陶谦这个奸贼从自己的视线中抹去。正在曹操筹划着如何把他的老仇人给拍死的时候，兖州的烽火燃起，让曹操的徐州之梦再次破灭。此为后话，让我们把当时徐州的故事先给讲完，因为一个重要的事件此刻就要发生了。主角不是别人，正是未来的"刘皇叔"蜀国先主刘备。

刘备自董卓讨伐之战后，一直跟随公孙瓒，在青州刺史田楷手下共同阻挡袁绍的军队。这次是在曹操第一次东征徐州的时候特别受邀而来的。刘备当时有多少资本？据《三国志·蜀书·先主传》记载，当时刘备有一支自己的部队，大概有千余人，同时刘备还领有幽州当时的少数民族乌丸的骑兵若干，最后还有"饥民"数千人。这就是当时刘备所拥有的全部实力。

这是一支真真正正的"乌合之众"，显然不能和曹操的"青州兵"相提并论，即便是和陶谦这样的地方豪强相联合也没有办法实现狙击曹操的计划。但刘备也并不是单有一双大耳别无长处的庸才，他注定是要成为一方豪强的枭雄，从后期刘备所做出的种种表现我们可以推断，刘备当时带兵来援助陶谦不免也有私心在其内，《三国志》中记载："（刘备）既到，谦以丹杨兵四千益先主，先主遂去楷归谦。"仅仅是陶谦的四千兵士就把仁义至上的玄德公给收买，抛弃了原先的主子田楷而死心塌地跟随了陶谦。这跟《三国演义》当中的形象有着太大的不同，充分显露了刘备的枭雄性格。

曹操因为兖州老家的叛乱而急转掉头，给了徐州又一次苟延残喘的机会。徐州这时候就像一艘风雨飘摇的大船,不但已经千疮百孔,而且它的船长也已经很难再看到明天的太阳。陶谦本来身体就十分虚弱,再透过这么两番折腾积劳成疾,已经到了积重难返的地步。时日不多的事实已经摆在眼前,就算对这个世界有太多留恋也不可能有太多的时间了。

徐州牧必须要考虑自己的继任者的问题了。当时最重要的选择是自己的孩子。但是陶谦的几个儿子都不争气,没有办法继承这样大的一份家业。何况,自己境内又有刘备军驻扎。陶谦在的时候,刘备尚可流于情面不对徐州有所觊觎,一旦自己不在了。自己的家人将何去何从?这对陶谦来讲是一个非常实际的问题。

俗话说:"不怕贼偷就怕贼惦记。"当时徐州的状况就是这样,经过了曹操两次的征伐,徐州本身的兵士已经是少之又少,可以依靠的只能是刘备所管辖的军队。一旦陶谦有事,很难保证刘备不会夺权。于是出于对自己家人未来的考虑,陶谦作出了一个非常重大的决定——"让"。他对自己的亲信糜竺安排下遗嘱:"非刘备不能安此州也。"便溘然长逝。

糜竺在陶谦去世后便来到刘备处说明来意,刘备这时可能不知虚实于是并没有答应。徐州的另外一名名士陈登此时劝刘备说:"今汉室陵迟,海内倾覆,立功立事,在于今日。彼州殷富,户口百万,欲屈使君抚临州事。"刘备回答:"袁公路近在寿春,此君四世五公,海内所归,君可以州与之。"

这断然不能算是刘备的真心话,对于一直漂泊的刘备来说,能有一块自己的地盘是一件梦寐以求的事情,如果没有这层意思他又何必在徐州继续待下去？只不过刘备是相当谨慎的一个人，他在等待时机，等待着能够拥有徐州的最好时机。之后陈登接着说："公路骄豪，非治乱之主。今欲为使君合步骑十万，上可以匡主济民，成五霸之业，下可以割地守境，书功于竹帛。若使君不见听许，登亦未敢听使君也。"

孔子的后代北海相孔融也在这当中附和道："袁公路岂忧国忘家者邪？冢中枯骨，何足介意。今日之事，百姓与能，天与不取，悔不可追。"记载到这里，史书之后用了六个字"先主遂领徐州"。这便是演义中"三让徐州"故事的由来，没有当中那么多的让来让去，而只是一个对话这件事情就做出了最终的决定。

"先主遂领徐州"这六个字可谓是字字千金，三分天下之一的刘备终于取得了自己拥有绝对"主权"的领地，中原地区又将经历一次新的洗牌，就在刘备为了到底要不要徐州而"烦恼"的时候，西边的兖州，激战正酣。

吕布是豺狼

在曹操于徐州烧杀抢掠的时候，一场阴谋正在兖州缓缓地进行着。

曹操是很强、很感性、也很有魄力的人，他能够指挥自己的战争机器把整个徐州给蹂躏成一片焦土。但实际上，自己的根据地远没有曹操自己所想象得那样稳固。其实要不是因为老父被杀这个意外状况的出现，曹操的第一个步骤应该在兖州先休养生息，搞好相应的内政以稳固刚刚夺取的地盘，最起码要和当地的士绅交流交流感情，缓和一下因为杀掉刘岱所造成的紧张氛围。但是随着两次徐州攻防战的展开，让曹操没有精力去处理这些事务，这就为刚刚夺取的兖州根据地留下了反叛的空间。

这次反叛的主谋有三人，刘关张也是三人，刘关张没完成的事情这三个人倒是做到了，而且差点置曹操于死地。这三个人便是张邈、陈宫和吕布。这三人为曹操制造了他自起兵以来遭遇到的最大的一个危机。

这三人中最为三国迷所熟知的就是吕布,吕布自从"弑父"之后,在李傕郭汜之乱中杀出一条血路逃出长安,先投奔了南阳袁术,吕布觉得杀死董卓,是给袁术报仇,也是个"匡扶汉室"的超大名头。吕布觉得至少可以在袁术处暂留一段时日。不料袁术讨厌吕布的反复无常,不肯收容。吕布就只好向北去找袁绍,袁绍就跟吕布联合在常山(今河北正定一带)攻打张燕。

张燕拥有精兵一万多,骑兵几千人。吕布和他亲近的将领成廉、魏越等冲锋陷阵,就打败了张燕。随后要求袁绍给他增兵,但因官兵纪律差,常出去抢夺,让本有意收留他的袁绍也忌恨了他,吕布知道袁绍的意思,要求袁绍许他走,袁绍也担心吕布回来害自己,就派了壮士半夜去杀吕布,然而没成功。事情败露了,吕布就逃往河内,跟河内太守张杨合兵。袁绍派兵去追,由于吕布以往飞将军的威名使得大家都怕吕布,不敢接近。吕布就此在河内成为一方诸侯势力。

带兵出征,最害怕的事情便是后院起火,这次让曹操腹背受敌的叛乱主要是由陈留太守张邈发动的。张邈是一个在《三国演义》中名不见经传的角色,但是对于曹操来说有着重要的位置。事实上,曹操所领有的兖州绝不是铁板一块,这其中派系林立,错综复杂,再加上前文所叙述的原因,很难让所有的人都服从曹操的管辖,张邈就是其中的一个。

张邈本来跟曹操相当要好,可以说是患难与共的兄弟。曾经无私地支持曹操在陈留起兵。关东联军讨伐董卓的时候,曹操实际上是张邈的部将，曹操只不过是拥有一支自己的部队而已，在名头上依然还要服从张邈的统御。曹操杀掉刘岱后，自己出任兖州牧，地位突然窜到了张邈之上，张邈内心便对曹操充满了不满。但曹操还是对张邈表示出了充分信任，在第一次东征陶谦的时候曾经对自己的家属说："如果我死了，你们就去投靠张邈。"但是"功高震主"，张邈始终害怕自己终有一天会被曹操灭掉，毕竟卧榻之侧岂容他人鼾睡？！

这之后张邈的手下陈宫因为曹操将兖州的名士边让杀了，因此也产生疑惧，便劝说张邈反叛曹操。这就是那个在演义当中因为曹操"宁教我负天下人，休教天下人负我"的名言而弃曹操而去的陈宫。陈宫对张邈说："今雄杰并起，天下分崩，君以千里之众，当四战之地，抚剑顾眄，亦足以为人豪，而反制于人，不以鄙乎！今州军东征，其处空虚，吕布壮士，善战无前，若权迎之，共牧兖州，观天下形势，俟时事之变通，此亦纵横之一时也。"这段说辞相当漂亮，充分体现了陈宫本人作为一个谋士所具有的才干。这里面的每一个字都让失落的张邈十分感慨并踌躇满志。于是张邈同意了陈宫的计划，派兵劝迎吕布到濮阳来，并且推举吕布为兖州牧。

张邈和陈宫在兖州早已经营多年，尤其是在陈留郡和东郡有着深厚的潜在实力，跟他们相比，曹操只不过是个外来客。因此他们一起来反对曹操，立刻造成了"郡县皆应"的壮观景象。前文叙述到曹操临从兖州走后，将自己最为重要的两个谋士荀彧和程昱留在了兖州，这在现在成为了至关重要的一招。

经过这次叛乱之后,只有在兖州的治所鄄城以及东郡的两个属县范和东阿,还在曹操手中。同时,鄄城城内不少将吏也与张邈通谋,形势对于曹操来说是十分危险。这时候留守鄄城的荀彧,沉着冷静,坚定不移。他一方面派人将张邈叛变的消息通知给了曹操,一方面派人把驻扎在东郡的大将夏侯惇调回到鄄城。在夏侯惇率领本部人马回到鄄城的当夜,他就把在城内通敌的将吏数十人杀掉,安定了军心。荀彧还派程昱到范和东阿,鼓励当地官兵"拒城坚守",等待曹操回军。

经过荀彧殚精竭虑的努力,终于把消息及时地传到了曹操手中,促成了曹操大军的迅速转移,荀彧不愧是有着"王佐之才"之称的重要智囊。在这样的情形下,吕布军队在鄄城、范、东阿等地的军事行动还没有取得多少进展,曹操的军队便赶过来了。

吕布当然知道治所对于一州的重要性,但是在荀彧等人的精心防守之下,鄄城一直没有办法攻陷,再这样继续攻城下去,势必会对自己产生相当大的损伤,毕竟自己也是一支外来军队,民心不稳士气较低。于是啃骨头啃不动的吕奉先只得先在西边的濮阳屯军以静候时机。

吕布的举动让曹操对他的带兵能力产生了轻视,曹操说:"布一旦得一州,不能据东平,断亢父、泰山之道乘险要我,而乃屯濮阳,吾知其无能为也。"(《三国志·魏书·武帝纪》)战争当中最忌讳的就是过早地对对手进行实力上的判断,曹操在这个战场就吃了亏。

基于刚才的判断,曹操率领自己最为精锐的青州兵对吕布展开了进攻。吕布也予以了还击。吕布出兵迎战，先用骑兵冲击青州兵，无论如何青州兵也是一支步兵部队，怎么能够经得起骑兵的冲锋和践踏？于是，青州兵在吕布的铁骑之下四散奔逃，曹操的兵马顿时乱作了一团，曹操骑着马从火海当中突围了出来，从马背上跌落到地上，烧伤了自己的左手掌。司马楼异扶着曹操上了马之后，曹操才逃离了战场。还没有到达军营就停了下来，各位将领都没有见到曹操，十分惊慌失措。

曹操勉强着支撑自己亲自去慰劳军队，下令军中赶紧准备进攻的器械，再次攻打吕布，双方相持了一百多天。老天也终于看不下去了，这一年爆发了严重的蝗灾，史书中称："百姓相食。"（《三国志·魏书·吕布传》）当时状况之惨烈可想而知。两方的军队这时候更是饥饿无比，这种情况下根本没有办法再继续交战，于是相持的两军各自退兵而去。曹操与吕布的这第一次大规模冲突就这样以两败俱伤的结果告终。

战后，曹操实力大减，最头疼的是，军粮也见了底，北方之雄袁绍此时派人来劝说想让曹操投靠他，要将曹操举家迁到邺县（在今河北临漳县西四十里）当人质。曹操本打算答应袁绍，多亏程昱劝阻，程昱对曹操说："意者将军殆临事而惧，不然何虑之不深也！夫袁绍据燕、赵之地，有并天下之心，而智不能济也。将军自度能为之下乎？将军以龙虎之威，可为韩、彭之事邪？今兖州虽残，尚有三城。能战之士，不下万人。以将军之神武，与文若、昱等，收而用之，霸王之业可成也。愿将军更虑之！"（《三国志·魏书·程昱传》）曹操才打消这个念头。一代英雄竟落得如此窘境实在是令人怅惋，同时程昱身为谋士能够如此为主公尽力也可谓是经世之才。

但还是那句话，曹操毕竟是曹操，"治世之能臣，乱世之奸雄"的他向来不知道什么叫放弃，他也没有放弃的理由。一边是奸雄，一边是豺狼。这不过是一次大战前的短时休整，真正的双雄相争马上就要来临。

豺狼伤了一根骨头

"千里无鸡鸣,白骨露于野。"这是曹操对于几年之后在征战中他所见到景象的真实记录。事实上在整个东汉末年,除了风光征战的英雄们和掌握大权的各路豪强们能够享受片刻的安宁之外,一般的百姓想要得到哪怕是一分的宁静都是困难的。曹操诗中所描绘的这般景象在中原大地处处上演着,继续着。此时历史的车轮转到汉献帝兴平二年(公元 195 年)。

这时距离曹操与吕布的初次接触已经过了将近一年的时间,可以想见这次蝗灾对于两军的影响有多么的巨大。在蝗灾发生的时期,曹操为了节省军粮,只好遣退新募的吏兵。曹操在这第一次冲突中可谓丢尽了颜面,严格地说,这是曹操首次承受了失败的苦果。曹操虽然曾经动摇,但是在谋士的倾心劝说下,最终还是站稳了阵脚继续把霸业给推进下去。曹操与吕布的巨野之战就是在这种情况下逐步展开的。

经过一番艰苦卓绝的准备，兴平二年（公元195年）春，曹操派兵进攻战略重地定陶，开始了其雪耻的收复兖州计划。济阴太守吴资保南城，曹操没有攻下，这时遭逢吕布亲率大军到来，所谓"仇人一见，分外眼红"，曹操急命对吕布军主力展开疯狂的进攻，最终大败吕布。这场战役是一场小战，作为曹操向吕布重新宣战的开始。

这场胜利对于曹操来讲是至关重要的。毕竟整支军队已经休整了一年的时间，又是在饥荒爆发的凶年时刻。兵士们连吃饭都吃不饱，又怎么能面对吕布的铁骑？这场胜利恰恰给了曹操的兵士以胜利的决心，相反的，吕布方面同样是经过了一个难熬的年月，在遭受到这样的一个失败之后便一蹶不振开始走下坡路了。这场发生在定陶的战役，可以说是曹操吕布在争夺兖州地区的整个征战过程中非常重要的转折点。在这个转折点上，曹操向收复自己的失地迈出了坚实的一步，而吕布则在兖州战场慢慢地陷于被动。

这一年的夏天，吕布的部将薛兰、李封驻军在巨野，曹操派兵对这一地区进行了攻打。对于曹操来说，迅速寻找敌军主力尽快决战至关重要，因为战争需要给养，每一名士兵都需要补给。越早决战对于曹操的军事行动就越有利。巨野之战就是曹操主动寻找敌军主力进行决战这一战略意图的体现。

得知巨野告急，吕布急忙亲率大军前来驰援薛兰李封所部。但最终的结果仍旧是遭受惨败铩羽而归，吕布再也没有了第一次与曹操对战时以逸待劳冲锋突击的优势，从这两场战役中可以看出，吕布对于这种郊野地区作战的水平明显不足。一旦失去了城墙的屏障，一旦不能够采用骑兵突然从城门当中突出这样一个进攻方式，吕布的军队很难取得在战场上的绝对优势。

就在此时，徐州传来了陶谦病逝的消息。这让曹操心中的"徐州梦"又突然跳了出来。曹操决定先进攻徐州反过头来再解决吕布的问题。对曹操而言，经过上述的两场战争，吕布已经十分虚弱，很难再有所作为，消灭他也仅仅是一个时间问题。但是荀彧在这个关键时刻又为曹操提出了先攻吕布再图徐州的建议。荀彧说："昔高祖保关中，光武据河内，皆深根固本以制天下，进足以胜敌，退足以坚守，故虽有困败而终济大业。将军本以兖州首事，平山东之难，百姓无不归心悦服。且河、济，天下之要地也，今虽残坏，犹易以自保，是亦将军之关中、河内也，不可以不先定。今以破李封、薛兰，若分兵东击陈宫，宫必不敢西顾，以其间勒兵收熟麦，约食畜谷，一举而布可破也。破布，然后南结扬州，共讨袁术，以临淮、泗。若舍布而东，多留兵则不足用，少留兵则民皆保城，不得樵采。布乘虚寇暴，民心益危，唯鄄城、范、卫可全，其余非己之有，是无兖州也。若徐州不定，将军当安所归乎？且陶谦虽死，徐州未易亡也。彼惩往年之败，将惧而结亲，相为表里。今东方皆以收麦，必坚壁清野以待将军，将军攻之不拔，略之无获，不出十日，则十万之众未战而自困耳。前讨徐州，威罚实行，其子弟念父兄之耻，必人自为守，无降心，就能破之，尚不可有也。夫事固有弃此取彼者，以大易小可也，以安易危可也，权一时之势，不患本之不固可也。

今三者莫利，原将军熟虑之。"

这条建议从整个大宏观的战略高度向曹操详细地说明了先巩固兖州的重要性，避免了两头相顾却两头都不得的尴尬情况的出现。曹操听从了荀彧的建议，专心地对付吕布。曹操派兵在农田收获的时候抢收小麦，以避免军粮再次用尽这种情况发生。这时候恰巧吕布又从东缗（今山东金乡东北二十里）与陈宫率万人来战，曹操的士兵此时大部分都出去收小麦，大营内所留下的兵士不足千人。大营的西侧有一个大堤，堤南侧树木幽深，于是曹操利用了这样的一个有利地形，在其中设置了相当数量的伏兵，等到吕布派兵赶到，曹操动用了最常用的诱饵法。先用少量的士卒佯装战败诱使吕布军深入其中，吕布大军被引入到伏击位置之后，曹操一声令下，伏兵齐发，吕布大军顿时阵脚大乱，飞将军再也没有了当初在董卓身旁时的神采，只得仓皇而逃。

当夜，吕布趁着夜色逃离战场。这次战争完全奠定了曹操收复兖州所有失地取得胜利的基础。之后曹操趁势重新攻打原先所不能攻下的定陶，直至分兵平定叛乱归附吕布的诸县。完成了消灭吕布主力收复兖州的所有战略意图。最终曹操收复了兖州全部县城。

兖州的争夺就此告一段落，在此后相当长的一段时期之内，兖州从来没有在曹操的手中失去，过去的耻辱已经成了过往，根据地又重新回到了更加强大也更加成熟的曹操手中。这不能不说是一段在挫折之后又重新站起的佳话。从此，曹操可以更为安心地确定自己匡扶整个天下的计划。曹操的事业慢慢地走上了正途。

吕布在失败之后，又回到了出逃长安的那段破落时期。又重新到了选择寄主的时候，可是吕布这个人品行实在是太差，基本上只要他跟了谁谁就不会有好下场，天下诸侯早已经被吕布得罪殆尽。当时局势是南袁术、北袁绍、西李傕郭汜、东刘备、中央曹操，很显然，五路诸侯相较，吕布就只能投奔大耳长臂的刘备了。

本来，吕布的骂名已经是世人皆知，谁都不会收留吕布，但是刘备是个例外，向来以仁德作为标榜的刘备就是要走一条"不寻常路"，他不但接纳了吕布而且还对吕布恭敬有加。这样的态度，当然不能单从仁德这一方面进行理解。对刘备而言，这其实是无奈之举。上述北方诸强中刘备最弱，任何一方的打击都可以让刘备失去这来之不易的地盘，尤其是曹操，对徐州已经垂涎已久。因此刘备万万不能在这样的一个时刻又给自己树立吕布这样的一个新的敌人。

史书记载："布见备，甚敬之，谓备曰：'我与卿同边地人也。布见关东起兵，欲诛董卓。布杀卓东出，关东诸将无安布者，皆欲杀布尔。'请备于帐中坐妇床上，令妇向拜，酌酒饮食，名备为弟。备见布语言无常，外然之而内不说。"（《三国志·吕布传裴注引英雄传》）可以看到吕布积习并没有一丝一毫的更改，还是那样的狂放无礼，而刘备也同样是貌合神离。这就注定了这样的组合不能长久，徐州难免又陷入新一轮的争夺之中。

少年郎的本色

北方依旧是一片纷乱，但终归是略有缓和，相对地形成了几个大的豪强势力，实现了局部地区的统一，为后来北方的统一奠定了一定的基础。现在让我们把视角投向风景如画的江南。在那里"三分天下"三雄之一的孙家子弟正在为了自家的霸业而不断求索。

江南在东汉末年还没有得到较为广泛地开发，因此，这片广袤的土地在长久以来并没有得到中原地方豪强的重视，相应的也使得江南地区生活相对平稳，社会相对平静，并没有大的动乱发生。当初反董同盟军的十八路诸侯当中，只有孙坚以长沙太守的身份参与了其中并且斩获颇丰，为其他诸侯所刮目相看。只可惜如前文所述，孙坚在和刘表征战的过程中，不幸战死，这本来对于孙家来讲是一件十分痛心的事，但是好在孙坚有着两位出色的公子，在以后的历史舞台上，两人接力将孙家的领地建设成为三分天下我居其一的吴国。

现在,汉献帝初平二年(公元191年),孙家的长子孙策还是一个年方十七的翩翩少年,这时正在运送父亲灵柩的途中。江南的故事由此展开。

孙策是吴氏所出,在东汉末年的军阀混战当中,作为一方太守的孙坚,往往是常年征战在沙场上,而抚养、教育儿女的重任也就落到了吴夫人的身上。吴夫人教育儿女也很有办法,总是宽容、诱导,谆谆教诲,于是孙策、孙权兄弟礼贤下士,尊重人才。正是由于母亲的这种教导,孙策才形成了开朗、直率、大度的性格,他善于听取部属的意见,会识人用人,说话又有幽默感,赢得了士人、百姓的拥戴,士民都愿意为他拼命效忠。

在这一时期,孙策还结识了另一位英俊貌美的少年——周瑜。两人共同征战的兄弟情结成为历史上的一段佳话。少年孙策经历一段相当风光的时期,但是现在,随着父亲的去世,原先孙策所拥有的一切都被颠覆,原先父亲的部属都归了袁术,而自己仅仅是一个丧父的少年。现在的孙策急需解决的是如何处理在父亲死后,自己家族地位兴旺的问题,种种的担子压在了这个年仅十七岁的少年身上。

孙坚死后,孙策成为孙家集团的少主,他将父亲的灵柩运回家乡,葬在曲阿县(今江苏丹阳县)后渡江而去,在江都驻扎下来,期望有朝一日能宏图大展,为父报仇。当时在江都有一位名士,姓张名纮字子纲,广陵人。早年曾经到京都洛阳求学,回到家乡之后,州郡察举秀才,他不去应试,官府征召他去做官,他也不去赴任。

他在等待时机,等待着一位英主能够采用他的策略,在这广阔的土地之上共同实现自己的人生抱负。后来,为了躲避战乱,张纮迁到了江东,在江都住下。一位英主,一位谋士,便在这样的因缘际会之下而得以见面,孙策向张纮求教了自己未来的发展路线。这次对话的意义,对于孙策这样一个刚经历丧父之痛寄人篱下的少年将军来说,不亚于后来刘备与诸葛亮的隆中之对。

孙策对张纮说:"方今汉祚中微,天下扰攘,英雄俊杰各拥众营私,未有能扶危济乱者也。先君与袁氏共破董卓,功业未遂,卒为黄祖所害。策虽暗稚,窃有微志,欲从袁扬州求先君余兵,就舅氏于丹杨,收合流散,东据吴会,报仇雪耻,为朝廷外藩。君以为何如?"张纮答道:"既素空劣,方居衰绖之中,无以奉赞盛略。"

看到张纮不愿意回答这个问题,孙策十分焦急,便继续说道:"君高名播越,远近怀归。今日事计,决之于君,何得不纾虑启告,副其高山之望?若微志得展,血雠得报,此乃君之勋力,策心所望也。"

说着说着痛哭流涕起来,但神情依然充满活力和刚毅。张纮看到孙策是真心想要干出一番事业为父亲报仇雪恨,言辞恳切,于是回答到:"昔周道陵迟,齐、晋并兴;王室已宁,诸侯贡职。今君绍先侯之轨,有骁武之名,若投丹杨,收兵吴会,则荆、扬可一,仇敌可报。据长江,奋威德,诛除群秽,匡辅汉室,功业侔于桓、文,岂徒外藩而已哉?方今世乱多难,若功成事立,当与同好俱南济也。"孙策赶忙答道："一与君同符合契，(同)有永固之分，今便行矣，以老母弱弟委付于君，策无复回顾之忧。"(《三国志·吴书·孙讨逆传》裴松之引吴记)

透过这次对话，孙策确立了其整个家族向江南发展，据守长江之险成就一番事业的总体方针，奠定了未来孙家集团发展的总体走向。

按照张纮的安排，孙策马上赶赴寿春，去见当时临近江东地区的袁术。面对袁术孙策再次流下了感人肺腑的泪水。袁术面对着这样的一个少年将军，看到他的言行和举止，便知道他大有过人之处，是将来可以倚重的一个人才。但是要马上将孙坚旧部还给他，自己心中又对孙策能否听命于自己感到怀疑。于是，袁术便说："我已任命你的舅父吴景为丹阳太守、你的堂兄孙贲为都尉。丹阳是出精兵的地方，你可去投奔他们，召集兵勇。"

孙策便接了自己的母亲，带着汝南人吕范和同宗孙河，到了丹阳曲阿。依靠舅父的力量，不久，孙策便招募到兵勇数百人。但是不幸遭到泾县大帅祖郎的袭击，差一点丢了性命。兴平元年（公元194年），孙策又投奔了南阳的袁术，袁术十分赞赏他，把从前孙坚的部属全部交还给了孙策。太傅司马砗持皇帝的符节来安定招抚关东，在寿春以礼辟召孙策，任命孙策为怀义校尉，袁术的大将桥蕤、张勋等人对孙策都倾心敬重。袁术常常感叹说："使术有子如孙郎，死复何恨！"（《三国志·吴书·孙讨逆传》）和后来曹操发出的"生子当如孙仲谋"的感叹有着惊人的相似。

不得不说，孙家能有两位这么出色的年轻人，在那样的乱世是一笔多么重大的财富。孙策在袁术门下时，有一名骑兵，犯罪后为逃避责罚，逃进袁术的军营，藏到了马厩里面。孙策派人前去捉拿，一直找到袁术的大营之中，将罪犯搜出后当场斩首。事情结束后，孙策才去拜见袁术，说明情况，向他道歉。袁术说："兵人好叛，当共疾之，何为谢也？"（《三国志·吴书·孙讨逆传》）从此之后，军中便对孙策更加另眼相看，孙策在袁术军中便初显露头角，显示出了他作为一名优秀的军事将领所拥有的刚毅果断的良好品质。

如上述所言，孙策在袁术军中之时，对于自己的未来应该是有相当大的把握，在史书当中描写孙策时多次显示出了他坚毅的神情，这在史书对于其他人物的描写之中是不多见的，尤其是在向来以"微言大义"而著称的《三国志》当中就更属罕见。可见当时那个翩翩少年给当地的民众留下了多么深刻的印象，才能在史家前去考证记录之时留下了这样的文字。

现在，孙策似乎选择对了一个十分良好的阵营，袁术对他很好，营中的将士也都对他充满爱戴，他手下更是有着原先父亲手中作战英勇的老将，好像可以安稳地度过一段时间了，但正如陈寿在《三国志》中所评价的袁术"奢淫放肆，荣不终己"，袁术毕竟不是一位明主，而孙策则是充满抱负想要成就一番事业的少年，又怎会甘心在袁术的旗帜之下苟且偷生？霸王终究要去成就霸业，两人合作不能这样地长久平静下去。

不走寻常路的孙策

苦难往往是一位英雄所要修炼的必修课,即孟子所谓的"天将降大任于斯人也,必先苦其心志,劳其心骨,饿其体肤,空乏其身"。古往今来,多少英雄豪杰都是在这乱世之中经历苦难之后才能飞黄腾达,在这片辽阔的土地上一展拳脚实现自己作为一名英雄区别于普通人的价值。少年就得到众人爱戴,长得又讨人喜欢的孙策本来并不用经历这些征战困苦,本可以继承父亲所创下的事业,继续父亲曾经有过的辉煌。但是世事难料,随着孙坚的遇害,一切良好的条件都灰飞烟灭。但是,历史在为一个人关掉一扇门的时候,却又总是为他开启一扇窗,不过这扇窗不是任何人都能找到的,而是给少数有准备的人所准备的,孙策,就是那有准备的少数人之一。

同样是杀父之仇,曹操可以用自己的大军给自己的仇人以致命的打击,用上百万人的生命来祭奠自己的父亲,孙策什么都没有，只能寄居在袁术阵营之下，借助他人的力量帮助自己复仇，可以想见这对于孙策来讲是多么难以忍受的事情。但手里没有任何权势和兵力的孙策在这种情况下只能忍耐，像越王勾践一样"卧薪尝胆"，在心中不断坚定着自己为父报仇的信念，寻找着机会能够摆脱袁术的控制开拓自己的一番事业，重现孙家的荣光。

袁术自然也能看得出来孙策的心思。虽然袁术称不上是一位明主，但是毕竟也在群雄割据的乱世当中占有他自己的一方地域，因此，在孙策的使用问题上袁术是相当矛盾的，一方面他希望能够利用较高的权力将孙策长久地留住，另一方面，他又怕孙策在取得了相当大的威望之后会带兵出走甚至是威胁到自己的位置，出于这样的一种矛盾心理，袁术在面对孙策时就经常表现出一种摇摆不定的状态。而这种状态更加增强了孙策离开袁术去寻找自身真正价值的决心。

袁术在一开始许诺任用孙策为九江太守，可是不久，就变卦改用了丹阳人陈纪。后来，袁术想进攻徐州在中原分得自己的一杯羹，向庐江（治舒县，即今安徽庐江西南）太守陆康索求三万斛大米，陆康不给，袁术为此大为恼怒。这时候袁术听说孙策以前曾去拜访陆康，陆康只让主簿接待，自己不出来相见，为此，孙策怀恨在心。两个人的仇恨在这里成了一股绳子。于是袁术就派孙策去攻打陆康，并且又许愿说："前错用陈纪，每恨本意不遂。今若得康，庐江真卿有也。"（《三国志·吴书·孙讨逆传》）

孙策在得到了袁术上述的保证之后，便按照袁术的指示去攻打陆康，大胜而归。但是袁术却再一次变卦又用自己的部下刘勋作为庐江太守。俗话说"事不过三",虽然袁术仅仅变卦了两次但是已经足够挑战孙策的耐心了。这不但会激怒孙策,并且会让孙策明显地感觉到手脚被束缚,不能施展而萌生去意。袁术原先想留住孙策的想法就完全破产了。这当然不是袁术所希望看到的,但是经过这两次事件,孙策对袁术的看法已经有了明显的变化,两人的决裂已经成了必然。

正在这个时候,机会来了,孙策终于可以找到一个突破口。

东汉末年江南的区划当中最大的要数扬州。这时扬州所管辖的地区,除长江以北的九江和庐江两郡外,尚有江南的丹阳、吴、会稽、豫章四郡。汉朝任命的扬州刺史刘繇是兖州刺史刘岱的弟弟,这两兄弟都是当时名士。扬州治所本来在寿春,后来寿春被袁术占据,刘繇就把丹阳郡治所曲阿(今江苏丹阳县)作为州城。

当时吴景还在丹阳,孙策的堂兄孙贲又是丹阳的都尉,刘繇来后,就把他们都强行驱逐了。吴景、孙贲退居到历阳。刘繇派樊能、于麋东屯在横江津,派张英屯驻在当利口用来抵挡袁术。袁术任命自己的旧下属琅琊人惠衢为扬州刺史,把吴景改任为督军中郎将,与孙贲一起攻打张英等人,但是一直都没有攻打下来。朝廷又加封刘繇为牧,领振武将军,有数万的兵马,一时间成为了在江南地区相当重要的一股势力。

丹阳尉朱治过去曾任孙坚的校尉,他发现袁术政德不立,就劝孙策趁机收取江东。于是孙策就去见袁术。孙策对袁术说:"有旧恩在东,原助舅讨横江;横江拔,因投本土召募,可得三万兵,以佐明使君匡济汉室。"这显然只是一个说词而已。东汉末年任何事情最终都得弄一个"匡扶汉室"的名头,实际上汉室的皇帝到现在都被李傕和郭汜所控制着,匡扶汉室也用不着到江东去吸收兵马。这潜台词就是说,你赶紧派我去打刘繇,打完之后我在当地会招募兵马,但是究竟是不是为了帮助你"匡扶汉室"这就难说了。

袁术难道看不出来孙策对自己不满吗?当然不可能,但是袁术是一个目光短浅的人,他虽然知道孙策是个人才必须加以控制和利用,但是他毕竟仅仅是个小毛头孩子而已。当时的江东地区形势十分不明朗,刘繇占据曲阿,王朗占据会稽,都是当地的一霸,更何况连自己的大军攻打刘繇都久攻不下,孙策又怎么能在当地闹出什么大动静?更何况如果孙策战败,反而能让他老实一点,死心塌地地跟着自己。

袁术坚定地认为孙策即便是自己带兵出去攻打刘繇也未必能有什么作为,于是就答应了他的请求,并表奏朝廷任命孙策为折冲校尉代行殄寇将军。袁术不曾想到为了这个决定,他自己要付出多么惨烈的代价来弥补这个错误。但袁术一生荒唐事颇多,这次的"放虎归山"仅仅是他的一堆重大错误当中的一个小错误而已。

他犯错误不要紧,孙策在得到袁术的首肯之后肯定是欣喜若狂,他终于可以实现自己独立带兵的愿望,更重要的是,得到了一次绝佳的脱离袁术成就自己的机会。但是,当时孙策的兵力确实不足以对抗刘繇,如果贸然前进肯定会导致袁术心中所盘算的那样的结果。当时,他的兵力仅仅有千余人,军需物资也非常少,加上幕僚宾客等自愿跟随的几百人,这就是孙策的全部兵力。

这样的兵力条件显然难以支撑大规模的渡江作战。扩充兵员,充实实力成为了孙策首要的工作。孙策率领着自己的队伍首先到了历阳,在当地招兵买马,一呼百应,人马迅速扩充到五六千人。孙策的母亲先是从曲阿迁居到历阳,孙策是个孝子,不能够让自己的母亲担受兵马劳顿之苦,于是他把母亲安置到了阜陵。在这招兵买马安置家眷的过程之中,孙策又得到了他的好兄弟周瑜的帮助,周瑜带来了不少兵马和一些军需物资进一步扩充了孙策的军队。孙策大喜,对周瑜说:"吾得卿,谐也。"(《三国志·吴书·周瑜传》)一切都准备停当之后,孙策让大军开拔渡江。由此开始了他事业的原点,展开了针对刘繇的作战。

孙策在短时间内从一名少年成长为一名能够独当一面的将军,这在历史上是相当罕见的。除了有父亲的遗传,母亲的家教之外,孙策自己的个人魅力也是帮助他一步步向自己梦想前进的坚实的基础。如今,江东的土地已经慢慢地展现在他的眼前,这片未来将被称作吴国的土地现在还并不属于孙家。孙策要用自己的双手亲自将这片土地从当地的军阀当中夺过来,成就自己的霸业。

小霸王威力无穷

江东地区,因为其地理位置而得名。长江在今天的安徽境内向东北方向斜向而流,所以在这一区域原先分割南北的长江就变成了纵贯南北分割东西的分割线。长江以东的地域就因此得名为江东地区。这里成为了未来孙吴政权的统治核心。

刘繇,字正礼,是东莱郡牟平县(今山东省潍坊市一带)人,在他十九岁时因为堂叔刘韪被盗匪劫持为人质,刘繇为搭救其堂叔,结集十多人混进贼窝,趁隙将盗匪头目斩首成功救出堂叔后而出名。由于其表现深受乡民爱戴,刘繇便被举荐做官并官拜郎中。

当官之后的刘繇由于铁面清廉而深受好评,当时朝廷来派人选拔人才,当地的名士陶丘洪向朝廷官员推荐刘繇时说:"若明使君用公山于前,擢正礼于后,所谓御二龙于长涂,骋骐骥于千里,不亦可乎!"也就是把他和他的哥哥刘岱与龙和麒麟相提并论。这是相当高的评价。也因为这些功绩深得当时朝廷重视，于是刘繇奉命接任了由于前任太守死亡而空缺的扬州刺史一职。

这样的记载表明刘繇并不是一名庸才，也不是一个胸无大志的地方军阀，甚至可以被比作"龙与**麒麟**"，这简直可以和"卧龙凤雏"之论相提并论，而且卧龙凤雏还是小龙小凤，这刘繇刘岱可是成年的龙和成年的**麒麟**。能得到这样的评价，想来此人必定不俗。但是，就是这样的一位"**麒麟**子"，却被袁术给赶到了当时还算偏远的曲阿，有点儿让人无法理解。他的哥哥刘岱也被曹操所杀成为了曹操登上中原霸主宝座途中的一个可悲的牺牲品。这两兄弟实在是有愧于这"龙"与"**麒麟**"的名号。但是，这刘繇的灾祸还未停歇，真正要夺取他领地的孙策正在率领着军队向江东而来。

孙策到达江东之后首先攻打了刘繇的牛渚营。这一步至关重要，因为牛渚营不是一个普通的军事驻扎所，而是刘繇军队武器库和粮仓的所在。原本孙策所处的地形条件十分不利，背靠大江，属于纯粹的登陆作战。不要说能畅快地运送粮饷，即便是向前进攻也存在着相当大的困难。夺得仓库中所有粮食和兵器战具之后，孙策化自己的劣势为优势，占据了相当的战局主动权，抢得了两军对战中的先机。

当时，彭城相薛礼、下邳相笮融等人都依附刘繇，尊奉刘繇为盟主，薛礼占据秣陵城而笮融驻扎在县南。孙策首先对笮融展开了攻势。这个笮融是个反复之人，同时也是一个汉末的佛教领袖，这又是一个纠结矛盾的集合体。当时著名的评论家也是为曹操作出那个著名论断的许劭跟刘繇曾经说:"笮融出军,不顾名义者也。朱文明善推诚以信人,宜使密防之。"(《三国志·刘繇传》裴松之注引《献帝春秋》)可以想见此人绝不是个善类。

孙策与其交锋后,初战便告捷,一下子砍掉了笮融五百多名士兵的首级。笮融只得逃到城中,锁闭城门再也不敢和孙策交锋。孙策便继续攻打薛礼所占据的秣陵。这座城池便是以后享誉天下的南京。薛礼并没有恋战,而是迅速突围。正在这个关键时刻,原先已经被孙策打散的樊能、于麋等人又集结了一些人马向被孙策攻下的牛渚营奔去。孙策听到这样的消息,马上赶回牛渚营,击破了这群乌合之众,还获得了万余人。于是再次去攻打笮融,但这次并没有那么幸运,孙策被一冷箭射中,伤到了大腿,不能再乘马前进,所以乘着车回到了牛渚营。

有叛徒告诉笮融说:"孙郎被箭射中已死。"笮融十分高兴,就派将士与孙策所部相互对峙。孙策先派出了数百步兵和骑兵应战,并且在后方设下了埋伏,等到笮融的部队来袭,连兵器都没有碰上就佯装失败而退兵,笮融追着这些"败兵"径自走到了早已经为他设置好的埋伏之中,一时间孙策的部队从四方杀出大破笮融,斩了千余人的首级。孙策乘胜来到笮融的大营前,让左右大叫:"孙郎竟云何!"笮融的部队被吓得心惊胆战,连夜逃离了战场。笮融听闻孙策还在世,便挖深沟筑高垒,小心守备。孙策认为笮融屯兵的地势十分险固,于是便不再攻伐,转而攻取其他刘繇将领所管辖的区域如海陵、湖孰、江乘等地,最终都取得了成功。

"农村包围城市"的计划就此完成,现在刘繇只剩下了治所曲阿这一座孤城。刘繇不得不出兵与孙策交战,结果遭到大败,逃往丹徒(今江苏镇江市),孙策于是入据曲阿。进入曲阿之后为了安抚当地民众的心,孙策严明军队纪律,大军所过之处秋毫无犯,给当地的百姓留下了深刻印象,当地百姓十分高兴,争抢着用牛和酒来犒劳部队。由此观之,孙策在江东地区已经算是立住了脚跟。整个曲阿之战大败刘繇主力的过程是平定江东整个任务中的重要部分。

刘繇败逃之后,孙策进入曲阿城犒劳将士,派将军陈宝到阜陵去接自己的母亲和弟弟,发布告令,向诸县宣告:"其刘繇、笮融等故乡部曲来降首者,一无所问;乐从军者,一身行,复除门户;不乐者,勿强也。"这样的工作无异于当时刘邦在咸阳"约法三章"的效果,迅速而有效地赢得了当地武装的好感,于是一时间聚集了两万余人马,孙策终于有一支能够独当一面的部队。

击败刘繇之后,江东还有一些小的地方武装,严白虎所率领的一支武装就是其中之一,在吴郡地区十分活跃。严白虎本名应不是此名,白虎仅仅是一个名号而已。但在史籍当中并没有记载他的真实姓名、在历史上也确确实实是一个打酱油的角色,但在《三国演义》中被描绘成了一个具有相当于一方诸侯势力的人物。

初定曲阿形势尚不是十分稳固,如果允许这种将近万人的武装存在势必会对孙策刚刚建立起来的地盘有所影响。于是吴景建议孙策先攻破严白虎。孙策说:"虎等群盗,非有大志,此成禽耳。"遂引兵渡浙江，开始攻打严白虎。严白虎筑高垒进行坚守，有了议和之心。派自己的弟弟严舆向孙策请和。孙策一开始答应了。严舆要求孙策单独会面。会面的时候，孙策突然用自己的兵器向桌上砍去，严舆被吓了一跳，孙策笑着说："闻卿能坐跃，剿捷不常，聊戏卿耳！"严舆说："我见刃乃然。"孙策便据此判断他是一个无能之辈，不能对自己在江东的发展有什么帮助，便用手戟向严舆投了过去，严舆当场被杀。严舆也算是个有勇力的人，严白虎的人看到他都被孙策杀死了，十分惧怕。孙策趁势进攻，严白虎逃到了余杭，也就是后来的杭州。

除了严白虎，王朗还占据着江东的会稽郡，随着孙策势力的扩大，王朗成为了他在江东地区的最后一个障碍。事实上，王朗在会稽的地位以及对孙策的威胁与陶谦对曹操的威胁有点像。王朗同样是由朝廷所亲命的会稽太守，也是一位爱民如子的好官。孙策渡江来袭，王朗当时的谋士虞翻劝告王朗不要和孙策硬碰硬正面作战，王朗的实力根本没有办法和孙策相比，应该暂时到别处去避避风头。但王朗认为，自己身为汉朝的臣下理应保护城邑，不能苟且偷生。在这样的乱世还能有如此的表态，王朗无疑是应当被人敬重的。然而实力终究是差距太大，王朗兵败。孙策也知道王朗为人儒雅并不对其加害，还曾经希望王朗能够加入他的阵营，但是被王朗拒绝了，后来王朗辗转来到曹操身边，成为了曹魏政权中与钟繇、华歆所并列的三位大儒，也属于天命不绝。

在清剿完王朗之后，江东几乎已经没有了任何可以抵抗孙策的势力,这为后来孙吴政权的发展奠定了辉煌的基础。孙策崛起之路与曹操崛起之路相较多了一份人情味道,各种作品演义中,经常会看到百姓为了孙策而欢呼雀跃的描述出现。而曹操则背上了滥杀无辜的骂名,两人相较,明显孙策这条道路更符合传统意义上"仁君"之义,而曹操走的则是"霸道"路线。

　　正在孙策为了自己的成功而心满意足的时刻,早已经分崩离析的大汉帝国国都长安,一场新的政变又将进行,从没享过几天当皇帝快乐的汉献帝又将遭逢一段逃亡的岁月。

长安大械斗

大汉的江山自高祖斩白蛇起义开始,历经了王莽篡汉、光武中兴才得以延续,直至桓灵衰世民不聊生,黄巾起义振臂高呼各地纷纷响应,这曾经在世界上和罗马并列而称的大汉朝已经走到了行将末路的时候,亡国之君恐怕是这个世界上最难当的职业,而傀儡皇帝更是这世界上最窝心的职业,又当亡国之君又当傀儡皇帝更是难上加难。而刘协,这个曾经的陈留王,本来可以在乱世当中做个不问世事的王爷,无论世事怎么变化都跟他没有任何关系,现如今可能要跟着自己的兄长忍辱负重地将这个曾经辉煌灿烂的帝国带入到历史的最深处。

历史从来不允许人选择自己的命运,刘协偏偏是这种命中注定的"真龙天子"。自从被董卓废少帝而登上帝位之后,刘协便被当做工具传来传去。不但一刻当皇帝的福气没有享,反而忍受着比常人更大的痛苦。董卓死后,本来盼望能够在王允的帮助之下重新树立朝廷的尊严。可结果随着董卓的部将李傕郭汜的反扑，王允自杀，吕布败逃，献帝再次陷入到了孤立无援的境地，只得在逃离了魔王董卓之手后又坠入到李傕和郭汜这两个饿狼口中。

李傕字稚然，凉州北地郡（今陕西富平）人，史书上评价他性情诡谲能言善辩。是董卓手下的一名重要将领。曾经在反董同盟军讨伐董卓的时候被董卓派往孙坚处作为说客，想和孙坚结为亲家以将孙坚降服，但是被孙坚严词拒绝。试想要是成功恐怕也就没有孙策后来在江东地区的壮举，这是题外话。总之，李傕绝不是一个只会四处征战的西凉武夫，他确实有他的过人之处。更重要的是，他手下的谋士贾诩被世人称之为鬼才。贾诩在当时给李傕所贡献的最重要的一项计策便是前文当中所提到的："闻长安中议欲尽诛凉州人，而诸君弃众单行，即一亭长能束君矣。不如率众而西，所在收兵，以攻长安，为董公报仇，幸而事济，奉国家以征天下，若不济，走未后也。"正是因为这项计策李傕得以进入长安把持朝政将近四年的时间，享受了一段极为风光的日子。

郭汜又名郭多，凉州张掖（今甘肃张掖西北）人，他的生平与李傕极为相似，都在年轻的时候投到了董卓的门下。在董卓被杀之后，李傕和郭汜按照贾诩的指示组成了一个"反吕布联盟"而攻下长安，和李傕一起把持朝政。

总体说来两人都没有多少治国的学问，只有对权力的欲望。事实上，多半也只是寻求能够在这世间找到一个立足之地能过上好日子,能有口饭吃而已。如果王允当时能够采用一些安定这些将领军心的做法,这两个人绝对不会起而造反,他们造反只是因为怕自己的命保不住而已,根本没有想过挟持皇帝统治天下这么深层次的目的。相反的,如果安抚军心,他们二人还极有可能成为王允所能倚重的两位将才,再加上吕布,大汉的皇室不至于衰弱至此。可是,历史不允许假设。在王允被胜利冲昏了头脑之后,献帝的命运也就因此和这两个人搭上了关系。

李傕郭汜二人把持朝政之后,朝廷的黑暗状况一点都没有改变。二人都被封为高官,作威作福,根本不把皇帝放在眼里。史书上记载:"傕等放兵劫略,攻剽城邑,人民饥困,二年间相啖食略尽。"(《三国志·魏书·董卓传》)。史书中又一次采用了"人相食"这样一个表述,充分体现了当时朝政有多么的不堪。京畿之地本来应该是一片歌舞升平,但是在这样一个千古未有之大乱世,首都附近竟然有如此惨烈之状况,足以见得李傕郭汜在长安的统治比起董卓有过之而无不及。

对皇上来说,这更是一段不堪回首的日子。那时刚刚迁都到长安,因当时董卓逼迫得相当急,宫人们大部分都缺少平常穿着的衣物。献帝因此想把御府中的缯用来给宫人做衣服,这件事被李傕知道了,竟然不让献帝去做这件事情。李傕说:"宫中有衣,胡为复作邪?"又有一次献帝下诏要卖掉厩马百余匹,御府大司农出杂缯二万匹,用卖掉的钱赏赐给公卿以下还有那些生活上有所困难的贫民,李傕竟然说"我邸阁储偫少",结果把这些东西都搬回到了自己的大营当中,贾诩再也看不下去了,于是说"此上意，不可拒"，但李傕都不把皇帝放在眼里还会听贾诩的话？

原本董卓所遗留下来的这些将领是一个三角制衡的关系，除了李傕郭汜这两个人之外，还有一个樊稠进行制衡。可是，樊稠因为在处理与西凉马腾的关系上被李傕找到了把柄，于是找借口把他杀掉。这样就间接影响了当时郭汜的情绪，他很有可能认为下一个该被处置的就是他郭汜了，这样两个人之间的关系就出现了裂痕。而真正使这两人关系全面破裂的竟然是因为一个女人。

那几天，李傕经常请郭汜喝酒，也经常喝到很晚，有时候就让郭汜留下来住在府中。郭汜的妻子因为怕李傕给郭汜纳小妾而夺己之爱，于是就想挑拨一下他们之间的关系。有一次李傕送酒菜给郭汜，郭汜的妻子就把菜中的豆豉说成是毒药，郭汜食用前郭妻把豆豉挑出来给郭汜看，对郭汜说："一栖不二雄，我固疑将军之信李公也。"这样就使得原本就对李傕有些怀疑的郭汜更加起了疑心。过几天之后李傕再次宴请郭汜，把郭汜灌得大醉，郭汜就怀疑李傕想毒害他，赶紧喝粪汁催吐解酒，两个人的仇怨就此结了下来。

长安由此再次开始了一场劫难。

刚开始，郭汜策划把献帝夺到大营中控制起来，李傕却先他一步指使数千兵士将整个皇宫团团围住，用三辆车来迎接天子。太尉杨彪说："自古帝王无在人臣家者。举事当合天下心，诸君作此，非是也。"前去的军官答道："将军计定矣。"于是献帝一乘，贵人伏氏一乘，贾诩、左灵一乘，其他的人都步行而去。

这一天，李傕又乘着自己的乘舆来到北坞，命令校尉看管坞门，内外隔绝。大臣们都十分饥饿，这时候正是夏天气温很高，但是所有人的心都凉了。汉献帝向李傕求米五斛、牛骨五具来赐给臣下，李傕说："朝铺上饭，何用米为？"给了献帝一些腐烂的牛骨，都散发着恶臭而不能食用。献帝大怒，要诘责李傕。侍中杨琦对献帝说："傕，边鄙之人，习于夷风，今又自知所犯悖逆，常有怏怏之色，欲辅车驾幸黄白城以纾其愤。臣愿陛下忍之，未可显其罪也。"献帝一想，自己根本没有办法对李傕有什么限制，何况现在自己被软禁了起来，于是也就罢了。献帝再一次忍辱负重。

皇帝可以忍，但郭汜却不能忍。于是，两军在长安城内展开火并，长安城再次成为了一片地狱火海。李傕不敌郭汜，便让一些公卿去郭汜处求和，谁想到这些公卿刚到郭汜处就被郭汜给关押了起来成了郭汜的人质。哪朝哪代有过如此之乱象，两个权臣一个绑架皇帝一个绑架公卿，大汉江山竟被蹂躏成如此模样实在是古今罕见，让人不可思议。杨彪对郭汜说："群臣共斗，一人劫天子，一人质公卿，此可行乎？"郭汜大怒，要亲手斩了他，经中郎将杨密以及左右多为劝谏，郭汜才就此作罢。

两人相持了一段时间，这样下去像小孩子过家家一样终究是不像话，谁对谁也无可奈何，不久之后，张济带兵从弘农赶到劝和，要接汉献帝到弘农，献帝也派使者来劝说，李傕、郭汜二人准备议和，想各自交换儿子作为人质，但李傕的妻子十分爱护自己的儿子李式，不愿交换，这项建议就被暂时搁置了下来。后来李傕答应各自交换女儿作为人质，双方和解。

李傕郭汜火并对汉朝朝廷又是一个致命的打击,在这其中,本来已经十分衰弱的皇权进一步衰弱,汉献帝甚至没有权力决定自己吃什么穿什么等问题。整个朝廷濒临崩溃,大汉按说应该就此终结。可是事与愿违,刘协的苦难还没有结束,这个饱受凌辱的君王又将踏上另一段征程——向着自己的故都洛阳前进。

回家，我要回家

长安，这座西汉时期的都城，现在却成了见证高祖武帝子孙颠沛流离之苦的场所。李傕和郭汜只知道张扬跋扈，根本不知道皇帝对于一个政权的重要性。大汉朝廷竟然被这么两个跳梁小丑控制长达四年之久实在是有些令人不可思议。但乱世毕竟是乱世，只有乱世才能创造英雄，有英雄才能英雄辈出，有英雄辈出才能向我们展现这么一个金戈铁马辉煌瑰丽的历史图景。

兴平二年（公元195年）七月，在李傕郭汜两人议和的情况下，汉献帝得以在张济的安排之下离开长安。说是离开不如说是逃离长安更加恰当。献帝出走长安那天，首先到达宣平门，正在要过城门前的桥时，郭汜的部队有数百人在桥上向着献帝的车銮发问，大声呼喊"是天子邪"？献帝的銮驾无法继续前行。李傕的部队也有数百人手拿大戟在乘舆车左右，侍中刘艾大声回答道："是天子也。"侍中杨琦也高举车帷。汉献帝对那些士兵说：

"汝不却,何敢迫近至尊邪?"于是郭汜等人的兵马纷纷让开道路。

刚刚过了桥,所有的兵士都高呼万岁。这也许是献帝在这几月间唯一一次可以高声讲话有皇帝尊严的时刻,却是在别人给的自由尺度之内所做出的一点点无力的抵抗,皇帝的声威已经没有办法再重新树立起来,只能用这些在面子上的礼仪来支撑献帝作为皇帝的那一点点最后的尊严。

虽然这次出走使得汉献帝能够稍微地喘口气,大汉的朝廷也这么苟延残喘地延续了下去,但对李傕郭汜来讲这完全是一个错误的决定。原先李傕和郭汜之所以能够在长安城作威作福完完全全是因为有着皇帝这样一个大靠山。他们自己不清楚,但实际上已经掌握了国家权力最为关键的一点——帝位的正统。即便是东汉乱世,也有相当的人在心中有着匡扶汉室振兴国家的理想,若是能够利用这一点将皇帝作为一面旗帜则一呼百应,胜过百万雄兵。但李傕郭汜根本没有能力去考虑这一点。在这之后他们便失去了自己在政治上的保护伞,而与一般的土匪强盗没有什么区别了。当然,他们也不是一直没醒过来,只不过等他们醒过来再想把献帝给要回去的时候,已经不是那么容易了。

汉献帝出长安东归,李傕引兵出屯池阳,张济、郭汜以及原董卓部下杨定、杨奉、董承等人都随着天子的车驾向东都洛阳驶去,汉献帝以张济为骠骑将军,开府如三公;郭汜为车骑将军,杨定为后将军,杨奉为兴义将军,皆封列侯,又以董承为安集将军。沿途诸将屡有争端,又是一段让献帝心惊胆战的行程,对于有些运气不太好的公卿大臣来说这简直是最后的"死亡行军"。

等到队伍到了新丰、霸陵之间，郭汜不知道为何首先醒悟，觉得自己应该把握住天子的控制权。他再一次想把献帝掳走由自己独自控制起来，于是对皇帝的车驾展开了进攻。献帝在仓皇之间没有办法只能选择一个军阀的大营躲避一番，躲到了杨奉的兵营当中，更加显示了献帝的无助。于是杨奉就去攻打郭汜。有可能是因为临时起义准备不足，又有可能是天真地想帮帮汉献帝这个苦命天子一把，郭汜的部队轻易地就被杨奉打散打乱，最终铩羽而归。郭汜看到情况对自己不利便逃到了南山，真真正正上山做起了土匪土霸王。这之后，杨奉和将军董承继续护送皇上按照原定的路线返回洛阳。

到了这个节骨眼，李傕也突然醒悟了，他突然意识到和郭汜反目不但不利于自己的未来，还让自己失去了在政治上的主动权，于是两人"重归于好"继续狼狈为奸，向东直奔皇帝的车驾而去。经过了一段时间的急速冲锋，终于在弘农郡的曹阳地方追上了献帝。杨奉急忙召请河东郡原先白波起义的首领韩暹、胡才、李乐等人进行会合，与李傕郭汜两人交兵。又是一场恶战，结果这次胜利的天平并没有向杨奉这边倾斜，李傕郭汜取得了胜利，又一次掌握了一些公卿大臣的命运。

想起以往的种种情形，李傕郭汜二人心生记恨，一股无名火不知从哪里就冒了出来，一瞬间两个人简直变成了魔鬼，纵容自己手下的士兵大肆屠杀手无寸铁步行的公卿百官，掳掠宫中的女子到弘农郡，许多无辜的公卿和官员刚刚能享受几天自由的日子结果就丧了命，实在是令人发指。最后还是因为贾诩的劝诫才停止了这个疯狂的行为。原文如下："天子既东，而李傕来追，王师败绩。司徒赵温、太常王伟、卫尉周忠、司隶荣邵皆为傕所嫌，欲杀之。诩谓傕曰：'此皆天子大臣，卿奈何害之？'傕乃止。"(《三国志·魏书·贾诩传》裴松之注引《献帝纪》)

皇帝只能逃奔陕县，向北渡过黄河，史书上描绘了当时渡河的状况：刚开始，大家经过商议后认为应该让献帝顺着黄河向东直下，但是太尉杨彪说："臣弘农人，从此已东，有三十六滩，非万乘所当从也。"刘艾说："臣前为陕令，知其危险，有师犹有倾覆，况今无师，太尉谋是也。"都表明了自己的相反意见，这个计划就被否决掉了。之后选择了北渡计划，让李乐安排好船。献帝在河岸旁步行，河岸高得不能下去，董承等大臣想用缰绳相连系住献帝的腰让他能够顺利上船。

这时中宫仆伏德拿着十匹绢，用德绢相互连接做成辇。行军校尉尚弘力气比较大，于是让他在前面背负献帝，这样献帝才得以登船。其他不能上船的人特别多，又派人找了几艘船但是仍旧不能把所有的人都带上船，于是这些公卿大臣再加上宫中打杂的仆役宦人都争着爬上船，船上人用刀刃砍掉了这些人的手指头。上岸之后他们只得丢弃了骏马等行军物资，用最简单的交通工具——腿，仓皇逃命。只有皇后和贵人等跟从皇帝，走到大阳，暂时歇宿在百姓家里。

经过这么一番折腾，所有的王公大臣都像刚刚从地狱里面跑出来的一样，根本就没有办法再继续按照原计划向东行进了。这场长征中，最大的受害者仍然是献帝本人。身为一个皇帝，被自己的臣下追得抱头鼠窜，到处漂泊。带着自己的大臣和宫室在不断地被追杀过程当中苟且偷生。献帝心中很难不起涟漪。在不断的奔袭过程中，难道献帝就不会想想自己未来怎么办的问题吗？他当然会去想，但即便他想了又有什么用？这江山已经早就不是他刘家的天下了。九州分割，大汉的山河已经生生地被豪强地主瓜分殆尽，虽然大汉的国号还在，虽然大汉的皇帝还在，但又有谁还会去拿他当一回事？还是那句话，历史注定了献帝只能是作为这样的一个角色，为这个没落的王朝尽自己最后一点心力，用自己的生命来换取人们对于那个扬威四海的大汉最后的怜悯。究竟是谁之过，最后只能纠结于造化弄人。

汉献帝兴平二年（公元 195 年），献帝在杨奉等人的护卫下，在大阳的一个村落暂时栖身，未来究竟向哪去，大汉的最后根基还能否继续生存？这一切茫茫中自有天数。

洛阳，我回来了

汉献帝兴平二年（公元195年），献帝一行人马在大阳稍作停留，这时候在未来道路的选择上，负责护送献帝的几位大臣出现了分歧。如前文所述，原先他们的计划是根据张济的提议前往弘农，之后目标又转向了故都洛阳。谁曾想到这一路上是如此地艰险，不但是公卿大臣一路上被掳去的被掳去，被杀的被杀，甚至连献帝自己都差一点又成了李傕郭汜手中的笼中鸟，再被捉回去重新过着他那个"忍辱负重"的帝王生活。

重新回到洛阳的路是这样地艰难，何况后边还有追兵追赶，原有的计划已经全部被打乱，实行起来相当困难。这时候军中开始有了相反的意见。当时在护送献帝的军中有三个人是掌握主动权的。即杨奉、韩暹以及董承。其中董承是汉献帝董贵人的父亲，也就是汉献帝的岳父，他坚定地支持献帝应该回到洛阳。而杨奉、韩暹等人因为在前面的战斗中多次护驾有功所以也取得了相当的发言权。他们认为根据当时的实际情况应该暂且让皇帝定都安邑县较为稳妥。

当时状况也的确如此，几次逃命，这支"流亡政府"已经很难再坚持着回到洛阳，先在一个地区安下营来最起码不用受劳顿之苦，其他的便听天由命吧。但董承明显也有着自己的考虑，虽然史书当中没有记载，但是我们可以根据董承的身世加以推测。杨奉、韩暹本来就是"白波贼"出身，其本质跟李傕郭汜没有什么两样，如果听他们的话去往一个偏远的地方建立朝廷，等于献帝还要受到这帮土匪强盗的控制。而董承则不同，虽然早年间也是董卓手下的将领，但是既然跟献帝攀上了亲家也就成了一家人。贵为"国丈"，他理应为皇帝的权威以及皇帝的人身安全所考虑。

洛阳虽然在董卓之乱后被烧毁成一片废墟，但毕竟是帝国曾经的首都，一旦天子回到洛阳，就可以发布勤王通告昭告各地前来护驾，就不至于落入这两个贼盗手中。两方互相争执不下，但毕竟董承只是一人没有办法与那两人抗衡，于是大队人马还是按照了两人的计划暂时向安邑前进。但因为此事，董承和杨奉、韩暹之间出现了裂痕。

在去往安邑的路上，皇帝乘坐的是牛车。太尉杨彪、太仆韩融和皇帝的亲近臣子跟随的有十多人，出长安时那么多的公卿大臣现在只剩下了这几个人。汉献帝于是任用韩暹作为征东将军，胡才为征西将军，李乐为征北将军，和杨奉、董承共同组织朝政。而这几人几乎都是当年"白波军"的头目。朝廷的

"重臣"已经全部被他们把持。他们便派使者和李傕、郭汜两人讲和，李傕和郭汜见大势已去也不好弄个弑君的骂名，便放了掳去的宫人和公卿百官，以及皇帝的专用马车数套。正在这个时候，当地蝗虫成灾，又遭遇干旱没有粮食，随行的官员也只能吃枣和菜等。皇帝的銮驾就停在荆棘丛生的地上，车门就这样开着。皇帝和群臣讨论事情，士兵就倚在篱笆上看着，互相打闹嘻嘻哈哈。完全没有朝廷会议应该有的庄重感与威严感。各个将领更是专权，有时甚至擅自鞭挞滥杀尚书。朝廷也大肆封官，什么医师、走卒，等等都成了校尉一级的将官，御史代表自己身份的刻印都不能完全供应，就用锥子随意雕刻一个图形，就当做印信用来备用。这已经不仅仅是"卖官鬻爵"而是擅自封官了。

这些水分极大的各位"官员"还互相掣肘，各路军将领又不能相互统属，上下混乱，而这些官员们整天还要"上朝"大摆官架子，等到粮食吃尽，安邑已经没有办法再待下去了。于是他们又重新面临选择究竟去哪的问题。这时候因为普遍出现的混乱状况，连杨奉、韩暹也都没有办法再继续坚持留在安邑的这个方案了。

在董承的安排下，杨奉、韩暹等人只好护送皇帝返回洛阳。经过了箕关，下了积道，河内太守张杨带着粮食在道路上迎接，之后因为有功，张杨被任命为大司马。这张杨也是当时在中原地区重要的诸侯之一，史书上对这一事件另有一番详细记载："天子之在河东，杨将兵至安邑，拜安国将军，封晋阳侯。杨欲迎天子还洛，诸将不听；杨还野王。建安元年，杨奉、董承、韩暹挟天子还旧京，粮乏。杨以粮迎道路，遂至洛阳。谓诸将曰：'天子当与天下共之，幸有公卿大臣，杨当捍外难，何事京都？'遂还野王。即拜为大司马。"（《三国志·魏书·张杨传》）

可以看到，张杨是当时少有的不把皇上当做工具，依然认为皇帝是大汉正统天下共主的臣子。这在当时的乱世是十分难能可贵的。并且史书也记载："杨性仁和，无威刑。下人谋反，发觉，对之涕泣，辄原不问。"（《三国志·魏书·张杨传》裴松之注引《英雄记》）可见张杨这个人性格豁达，也是一个能守一方的人才。吕布就曾经栖身在他的门下，后来曹操为了迎取献帝也需要经过张杨的领地，这其间又有许多波折，此为后话。

献帝经历了重重苦难之后终于毫发无损地进入了洛阳，这期间的苦闷恐怕只有献帝自己才最清楚。可是他们到了洛阳之后见到的却不是前来迎接的诸侯，更不是完好的宫殿与亭台楼阁，而是一片残破景象。宫室烧尽，街道上一片荒凉长满野草，百官只好拔出荆棘荒草，依傍土堆断墙安身。各个州郡的长官都各自拥兵自卫，没有人来洛阳保卫皇帝，饥饿穷困更加严重了，尚书郎以下的官员，都要自己出城砍柴和采摘野菜，试想这些平常作威作福，只会舞文弄墨的王公大臣又有谁能像诸葛亮一样又有才学又能下地种菜呢？最后有的就生生地饿死在了断墙残壁之间。

尽管回到了故都洛阳，但是"从哪里来到哪里去"这个终极的"哲学问题"仍旧没有解决。朝廷依旧处于一种孤立无援的状态。因为天下的人都清楚，这时候的朝廷早不是能够统御全国，制霸四方的绝对权力机关了。这时候的朝廷仅仅是一帮被饿得连自己的肚子都填不饱只会哀叹大汉不幸的人，外加上一个十四岁的小毛孩子罢了。天下的诸侯都巴不得这个朝廷早点消失，这样正统就落到了每个人的头上，各地就可以把事实上的割据合理化、合法化，据此开创一个属于自己的新朝代。

作为皇帝岳父的董承自然也明白这样的一个道理，而且当时周围的大臣又基本上被杨奉等人所操控，到哪去这个问题又出现在了他的脑海之中。当然，他现在不能求助自己，不能依靠皇帝，只能是依靠那些袖手旁观的诸侯们了。当时北方的形势是，曹操、袁绍、袁术这三方是在诸侯势力当中比较强的割据势力。只要他们三人中有人能够匡扶汉室，那么大汉的气数就未尽，大汉的正统也可以苟延残喘地延续下去。尽管可能又会是作为一个傀儡，但是最起码董承自己的国丈位置可以保存，最起码刘协的皇帝位子可以坐稳，只要还有这样的一个朝廷在，只要还有皇帝在，只要大汉的江山依然在，天下的形势就有变化的可能，天下就有可能重新回到大汉手中，他董承就能作为治世能臣而千秋万代。

基于这样的想法，朝廷向全国各地发布了勤王檄文，要求各地的诸侯来洛阳朝见天子，称臣纳贡，实际上就是在向全国的诸侯求救，再具体一些，就是在向身为"四世三公"后裔的当时北方诸侯当中最为强大的袁绍求救。袁绍到底会不会响应朝廷的号召？献帝会不会继续寄人篱下？大汉的命运又将何去何从？视角再一次回到了群雄割据的中原大地。

皇帝是我的,你们听我的

建安元年(公元196年)七月,献帝回到洛阳。如前文所述,此时东都之宫室,皆因董卓西迁长安前火烧殆尽,君臣无以为住,只得"披荆棘,依墙壁间","尚书郎以下自出采稆,或饥死墙壁间,或为士兵所杀"。(《后汉书·献帝纪》)

这时,袁绍的谋士沮授,希望袁绍接汉献帝入邺,于是对袁绍说:"将军累叶台辅,世济忠义。今朝廷播越,宗庙残毁,观诸州郡虽外托义兵,内实相图,未有忧存社稷恤民之意。今州域粗定,兵强士附,西迎大驾,即宫邺都,挟天子而令诸侯,畜士马以讨不庭,谁能御之?""今迎朝廷,于义为得,于时为宜,若不早定,必有先之者矣。"

但袁绍另外两个幕僚郭图、淳于琼并不同意沮授的意见:"汉室陵迟,为日久矣,今欲兴之,不亦难乎!且英雄并起,各据州郡,连徒聚众,动有万计,所谓秦失其鹿,先得者王。今迎天子自近，动辄表闻，从之则权轻，违之则拒命，非计之善者也"。(《后汉书·袁绍传》)而袁绍此前曾秘谋立刘虞为帝，即有不逊之志，于是没有采纳沮授的建议。而袁绍稍一迟疑，沮授所言"先之者"即接踵而至。此人即是刚刚被任命为兖州牧的曹操。

献帝此前在长安为李傕、郭汜所持时，曹操的治中从事毛玠即对曹操提出"奉天子以令不臣"的建议，曹操遂遣从事王必往长安，欲通使于献帝，而为前文当中所提到的河内太守张杨所阻。幸亏魏郡太守董昭说服张杨，使曹操的使者经过河内西往长安，并表荐曹操。黄门侍郎钟繇，也劝李傕、郭汜曰："方今英雄并起，各矫命专制，唯曹兖州乃心王室，而逆其忠款，非所以副将来之望也"。曹操至此遂有使者通献帝。而汉廷亦承认曹操兖州牧的合法性，于兴平二年（公元195年）十月拜操为兖州牧。

献帝抵达洛阳之后，曹操在许昌开始谋划迎取天子。但部属多人以"山东未定，韩暹、杨奉，负功恣睢，未可卒制"为由，认为此时迎天子的条件还不成熟。但荀彧力排众议，向曹操分析到："昔晋文公纳周襄王，而诸侯景从；汉高祖为义帝缟素，而天下归心。自天子蒙尘，将军首倡义兵，徒以山东扰乱，未遑远赴，虽御难于外，乃心无不在王室。今銮驾旋轸，东京榛芜，义士有存本之思，兆人怀感旧之哀。诚因此时奉主上以从人望，大顺也；秉至公以服天下，大略也；扶弘义以致英俊，大德也。四方虽有逆节，其何能为？韩暹、杨奉，安足恤哉！若不时定，使豪桀生心，后虽为虑，亦无及矣。"(《后汉书·荀彧传》)荀彧举晋文公扶周襄王而霸，汉高祖借义帝而王两个例子，说明献帝此招牌虽破，但仍不失为招牌，迎之则为"大顺""大略""大德"之举。而其不以伊尹、霍光，反以晋文、汉高比方曹操，或说明荀彧此时已对曹操有一个明确的定位。即其不会像伊尹、霍光一样辅佐献帝。

曹操接受了荀彧为之设计的方案，即遣曹洪率兵西迎天子，却为董承等据险抗拒。此时，已为议郎，处于天子身边的董昭又一次帮助了曹操。他以曹操的名义发给杨奉一封信，信中说道："吾（曹操）与将军（杨奉）闻名慕义，便推赤心。今将军拔万乘之艰难，反之旧都，冀佐之功，超世无畴，何其休哉！方今群凶猾夏，四海未宁，神器至重，事在维辅；必须众贤以清王轨，诚非一人所独建。心腹四支，实相恃赖，一物不备，则有阙焉。将军当为内主，吾为外援。今吾有粮，将军有兵，有无相通，足以相济，死生契阔，相与共之。"杨奉遂为之所欺，对诸将说："兖州诸军近在许耳，有兵有粮，国家所当依仰也"。(《三国志·魏书·董昭传》)并表荐曹操为镇东将军，袭祖爵费亭侯。曹操得封以后，连上三表，三让而后受。此后，曹操每遇晋迁，辄三让之，即使日后受封魏公、魏王时，仍经过三让的程式。所谓三"让"，实是曹操通过所上之表，陈述己功，意在服众，表明自己受封无愧。

正当曹操谋划迎帝于许昌的时候，时局又发生了变化，原本恃险拒曹的董承，又因韩暹矜功专恣，遂潜召曹操，而杨奉部将徐晃亦劝奉"令归太祖"。曹操得以顺利进入洛阳，随即表奏韩暹、张杨之罪，并将韩暹赶出洛阳。献帝七月甲子到达洛阳，八月辛亥曹操领司隶校尉，录尚书事，前后不到五十天，献帝便落入曹操的掌控之中。

曹操入驻洛阳后，几经犹豫是否将献帝从洛阳移至许昌，遂问计于董昭。董昭说："将军兴义兵以诛暴乱，入朝天子，辅翼王室，此五伯之功也。此下诸将，人殊意异，未必服从，今留匡弼，事势不便，唯有移驾幸许耳。然朝廷播越，新还旧京，远近跂望，冀一朝获安。今复徙驾，不厌众心。夫行非常之事，乃有非常之功，愿将军算其多者。"曹操又虑杨奉在左近，其兵精，恐为所乘，董昭又为曹操分析："奉少党援，将独委质。镇东、费亭之事，皆奉所定，又闻书命申束，足以见信。宜时遣使厚遗答谢，以安其意。说'京都无粮，欲车驾暂幸鲁阳，鲁阳近许，转运稍易，可无县乏之忧。'奉为人勇而寡虑，必不见疑，比使往来，足以定计。奉何能为累！"(《三国志·魏书·董昭传》)曹操遂坚定迁都许昌之议。杨奉先欲从曹操，至此方才醒悟为曹操所赚，遂与韩暹反，曹操即讨奉于梁，杨奉、韩暹兵败投奔袁术。曹操"移驾"的最后一个阻力业已扫除，便于八月庚申，出洛阳，经轘辕，迁都许昌。

迁都许昌后，曹操为百官总己以听，便对当时于朝野中颇有名望的三公发难。建安元年（公元196年）九月，罢太尉杨彪及司空张喜。后任命自己的亲信荀彧为侍中，授尚书令。尚书令即相当于后世之内阁首辅，其掌管着尚书六曹，六曹即三公曹，掌管州郡官吏的考绩；吏部曹，掌管选举和祭祀；民曹，掌管有关修建和盐池苑囿的管理；客曹，掌管护驾边疆少数族朝贺事务；二千石曹，掌管司法诉讼事务；中都官曹，掌管水、火、盗贼等治安工作。故荀彧实际上全权负责官员考核、财政核算等一切国家事务。而荀彧担任尚书令长达十数年，故有"令君"之美誉。

当曹操迎帝都许之时，前次拒绝挟天子以令诸侯的袁绍方觉不平。曹操对于袁绍遂采取软硬兼施的政策，先以献帝诏书的名义责备袁绍"地广兵多而专自树党，不闻勤王之师而但擅相讨伐"（《后汉书·袁绍传》）。袁绍不得不反复上表自辩。而后，曹操又以献帝名义拜袁绍为太尉，封邺侯。其时，曹操业已自封为大将军，袁绍不甘心位于曹操之下，怒曰："曹操当死数矣，我辄救存之，今乃背恩，挟天子以令我乎？"（《三国志·袁绍传》）遂上表请求辞去太尉之职。曹操知道此时尚不能与袁绍抗衡，于是便使孔融持节拜袁绍为大将军，兼都督冀青幽并四州。

打击清除了异己，党旧亲信把持要职，宿敌袁绍亦被稳住，曹操得以进一步控制权力。十月，曹操自封为司空，行车骑将军，至此，曹操集天下大权于一手。

曹操迎帝都许后，做出的另一项重要决策，就是将屯田作为一项国家政策决定下来并付诸实施。曹操这是学习了自己的老仇家陶谦的经验。屯田的提出及实行也是东汉末年战乱频仍的时代背景使然。曹操以枣祗为屯田都尉，以任峻为典农中郎将，主持屯田事务。枣祗劝曹操实行"分田之术"，即把土地分给个人，然后根据收获量官民对半分成，曹操听从了这个建议。这一年，便得谷百万斛。枣祗是个薄命人,早逝,任峻便接了他的班在各州郡置田官,继续大力推行屯田。"数年中所在积粟,仓廪皆满",故"军国之饶,起于枣祗而成于峻"。(《三国志·魏书·任峻传》)

任峻死后,继任者国渊、袁涣继续不断完善屯田制度。不仅扩大实行范围,还降低屯田的强迫性,不欲屯田者勿强。五年中仓廪丰实,百姓大悦,竞劝乐业。屯田的广泛实行,不仅解除了中原一带的粮荒,并且极大地支援了曹操日后的战争,故曹操"征伐四方,无运粮之劳,遂兼灭群贼,克平天下"(《三国志·魏书·武帝纪》)。

吕布的表演

刘备本想先在小沛安安稳稳干上一阵子，结果屁股还没坐热乎，袁术即发动步骑三万大军，遣大将纪灵为先锋，来攻小沛。刘备前时败于吕布时，丹杨兵背己附吕，刘备已失去对这支军队的掌控；而幽州兵与徐州兵，经历与袁术、吕布两场鏖战，死的死，跑的跑，所剩无几；刘备此时兵不满万，哪里有足够的军队来对抗袁术的三万步骑？既然正面无法对抗，不如去搬救兵。而刘备此时再显枭雄本色，毫不犹豫地派人向前日曾袭夺徐州的吕布求救。

吕布可能也觉得夺了刘备的地盘，反客为主，而人家却没什么怨言，而刘备既已投靠自己，不去救不大说得过去，于是吕布便选择了去替刘备解围。但是，吕布的属下不同意救刘备这个方案，建议吕布趁袁术攻刘备这个时机，不去救，而让袁术把刘备给杀了。吕布却说："不然。术若破备，则北连太山诸将，吾为在术围中，不得不救也。"(《三国志·魏书·吕布传》)我要不帮刘备，等袁术把刘备灭了，咱们就将处于袁术的包围圈中，只能坐守下邳，那情况就很不乐观了。我虽然也很讨厌刘备，但是不杀他，还能有他作为咱们的屏藩，我这也是不得不去救他。吕布虽然少谋，但是毕竟在战场上摸爬滚打多年，这次在这个战略问题上还是做出了一次正确的抉择。于是，便带着步兵千人，骑兵二百，到小沛驰援刘备。

吕布素以武勇闻名天下，而且其带兵作战能力，尤其是他的骑兵更是为诸侯所惮。吕布善弓马，而且膂力过人。和敌人作战时，对方都害怕吕布的武勇，不敢逼近。所以当时人送给他一个"飞将"的名号，将其比作汉初名将李广。当时又有句流传至今的话：人中有吕布，马中有赤兔。吕布曾经率亲兵突入黄巾余党张燕阵中，大破燕军万余人。吕布与曹操濮阳鏖战，更为天下所知。

所以，当纪灵听说吕布亲自驰援刘备时，也有自知之明，不敢与其为敌，敛兵不再攻打小沛。吕布实际上只带了千余人过来，而凭借自己的威名便使对方三万人不敢攻城。吕布看到袁术军不再攻打小沛，便带着人马屯驻在小沛西南附近，而且派人到纪灵那里，请他过来一起吃个饭，解决下小沛这个问题。

吕布有请，纪灵哪敢不去，于是马上跑了过去。宴席上，吕布对纪灵说："玄德，布弟也。弟为诸君所困，故来救之。"这时候，吕布又拿起了他当大哥的架子，说刘备是我小弟，你们既然这么欺负他，那这事我得管。有我在，小沛的主意袁术是不能打的。接着，吕布又说了句让人哭笑不得的话："布性不喜合斗，但喜解斗耳。"

实际上，观吕布一生，就没有几个汉末军阀是与他没打过仗的，李傕、郭汜打过，袁术、袁绍打过，曹操、刘备也打过，而吕布却在这时候说了这么一句滑天下之大稽的话。既然吕布想让纪灵退兵，那就要拿出一些硬实力。于是，吕布说完话，便带着大家到了军营里，让门侯在营门位置放上一支戟，对周围的人说："诸君观布射戟小支，一发中者诸君当解去，不中可留决斗。"恐怕当时纪灵诸人都不相信吕布能射中，否则军国大事岂能以射戟一事轻易答应退军与否。而如果不中，袁术继续攻打小沛，沦陷只是时间问题。而小沛失守，则吕布就将落入袁术的包围圈。所以，吕布也不可能以儿戏待之。正是因为吕布对自己的本事有充足的信心才会提出射戟解斗这一方案。

只见吕布"举弓射戟"，结果是"正中小支"，而观众的反应是"诸将皆惊"，大呼吕布"天威"。这一表现无愧"飞将"的称号，无愧"人中吕布，马中赤兔"的美誉。纪灵等见此，一方面因为前时已经答应吕布，射中戟之小支便罢军打道回府；而另一方面，也是为吕布的武勇所震慑，就算开战，自思也无把握打赢这场仗。于是，只能表示不打了。明日又与吕布大摆筵席，后一天就带兵回去了。

纪灵回到袁术那，估计也把吕布的神威跟袁术说了说，袁术此时正心怀鬼胎，欲于寿春称帝，便想拉拢吕布，与其结盟，得到他的支持。于是想和吕布结为儿女亲家，让自己的儿子娶吕布的女儿。吕布多半也想和袁术和平共处,免得受其骚扰,便口头上答应了这门亲事。袁术便派韩胤作为使者,将自己称帝这个想法告诉吕布,和他商量,并且准备将吕布的女儿迎到寿春。这时候,沛相陈珪怕袁术、吕布结亲,则徐州、扬州连成一片,兵势难挡,将成为汉廷的最大隐患。于是跑到吕布那里,劝吕布不要和袁术成为亲家:"曹公奉迎天子,辅赞国政,威灵命世,将征四海,将军宜与协同策谋,图太山之安。今与术结婚,受天下不义之名,必有累卵之危。"(《三国志·魏书·吕布传》)

曹操迎还献帝,迁都于许,在内辅政,海内闻名,这才是吕布该结盟的对象。而袁术,欲行僭号称帝之事,与他结亲,只会给自己背上不义之名,弄得身败名裂,遗臭万年。吕布听从了陈珪的建议,急忙派人把已经在送往寿春路上的女儿给追回来,毁了婚约,而且将韩胤抓起来押送许昌。曹操遂以朝廷的名义,封吕布为左将军,并且亲自写了一封信,好好安慰表扬了吕布一番。信中说,此前封吕布平东将军的绶印,被使者在山阳屯给弄丢了,而现在"国家无好金,孤自取家好金更相为作印,国家无紫绶,自取所带紫绶以籍心。将军所使不良。袁术称天子,将军止之,而使不通章。朝廷信将军,使复重上,以相明忠诚。"吕布受封当然很高兴,而殊不知这是曹操以敌制敌的策略,不仅羁縻住吕布,还成功拆散了袁术和吕布即将形成的联盟。

吕布受封后,又遣陈珪之子陈登为使者,答谢曹操,并且让陈登跟曹操说自己想为徐州牧的打算。但是陈登回来后,并没有带回封吕布为徐州牧的诏书,反而朝廷"增珪秩中二千石,拜登广陵太守",给陈珪加了工资,又给陈登升了级。吕布见此当然恼怒,拔戟砍翻几案,责备陈氏父子劝自己绝交袁术,与曹操联合,而自己现在不但没有得到什么好处,而陈氏父子却升官发财,吕布心里怎么可能平衡。

面对吕布的凶相毕露,陈登不为所动,还借曹操之口数落了吕布一顿:"登见曹公言:'待将军譬如养虎,当饱其肉,不饱则将噬人。'公曰:'不如卿言也。譬如养鹰,饥则为用,饱则扬去。'"即曹操与吕布,好比猎户和动物,陈登说吕布是只老虎,得每天喂得饱饱的,不然的话就要吃人了。而曹操却认为吕布比老虎活跃得多了,更像一只鹰。而养鹰,就不能喂饱,因为鹰饱了就飞走了,而不喂饱,就会服服帖帖地跟在身边。吕布听了这种比喻,或许是默许了,就没追究陈登的责任,"意乃解"。

实际上,陈登此次与曹操的谈话不仅限于此。陈登知道吕布有勇无计,反复难养,所以,当他见到曹操时,便立即劝曹操早日将吕布铲除。而曹操也清楚羁縻吕布一时可以,但终非长久之计。于是,陈登临走时,曹操握着陈登的手,跟他说:"东方之事,便以相付。"东方即指吕布所在的徐州。曹操在吕布身边安插了一个内奸,而这个内奸还得到了吕布的信任,并且,暗中还在纠合徐州反对吕布的势力。

而此时的刘备,虽然暂时解除了袁术对自己的威胁,但是,好景不长,因为自己在小沛的建设,而又引来了吕布的仇视。

袁术怎么混成这样了

袁术的攻势解除后,刘备于小沛本想搞好建设,种种田养养兵。没过多长时间,就有了一万多人的军队。而当吕布得知这个消息时,又觉得刘备要成为威胁了,"吕布恶之,自出兵攻先主"。吕布既要留住刘备为自己的屏藩,又不想看到刘备在自己的地盘上发展壮大,所以,袁术攻小沛,救刘备的是吕布;袁术撤军,攻刘备的也是吕布。刘备自然无法抵御吕布,这下又只能跑了。东边是吕布的地盘,南边有袁术,北边的袁绍和自己交好,但是得跨过黄河。刘备无奈之下只能投奔和自己没什么过节,又在附近的曹操了。

刘备前次投降吕布时,吕布诸将劝吕布趁机杀了刘备;而这时投奔曹操,曹操帐下也有人劝他杀之以绝后患。而吕布和曹操的区别就是,属下的建议,大多数情况下吕布听不进去,而曹操能听进去。但是,值得刘备庆幸的是,曹操这边有人要杀他,也有人要"救"他。

主张杀刘备的人是程昱。程昱早年为兖州刺史刘岱举荐为骑都尉,但以自己生病为由,没有响应刘岱的征辟。而曹操继为兖州刺史后,程昱知曹操终能成大事,遂投奔曹操,却为乡里人所笑前后不一,程昱不以为意,一笑了之。曹操为报父仇而出征徐州,留程昱与荀彧守甄城。张邈等反迎吕布,得亏程昱率众御敌,得保甄城、东阿、范三城不失。曹操执其手感叹:"微子之力,吾无所归矣。"(《三国志·魏书·程昱传》)曹操与吕布鏖战濮阳之际,甚为困难,赖程昱数进奇谋得以支持。程昱闻刘备来奔,急见曹操,谓刘备有雄才而又能得人心,终究不能为人之下,不如趁此机会杀掉刘备。

而"救"刘备的人为郭嘉。郭嘉为颍川人氏,二十一岁便投身于袁绍帐下。但是,跟袁绍相处没多久,他便看出袁绍的性格特点:"智者审于量主,故百举百全而功名可立也。袁公徒欲效周公之下士,而未知用人之机。多端寡要,好谋无决,欲与共济天下大难,定霸王之业,难矣。"(《三国志·魏书·郭嘉传》)"多端寡要,好谋无决"完美诠释了袁绍的特点。既然认识到无法与其成霸王之业,那可以像荀彧那样从袁绍跳槽到曹操那里,发挥自己的才智。但是,郭嘉并没有这么做,或许是在等待时机,郭嘉直接回家了。

六年后,郭嘉再次出山,而荐举郭嘉的便是荀彧。当时曹操有个叫戏志才的谋士英年早逝,曹操很痛惜,于是给荀彧写信道:"自志才亡后,莫可与计事者。汝、颍固多奇士,谁可以继之?"荀彧便回信给曹操推荐了自己的老乡,郭嘉。于是,曹操召见郭嘉,与其聊了一个晚上,大赞道:"使孤成大业者,必此人也。"而郭嘉也看中了曹操,"真吾主也"。这与其对袁绍的评价真为天壤之别。

曹操随即表郭嘉为司空祭酒,留在身边随时为自己出谋划策。当刘备来投时,曹操很矛盾,便问郭嘉,面对有英雄之志的刘备,到底该杀不该杀。而郭嘉的回答相当简练:"有是。"没错,刘备是该杀。但是,郭嘉的话还没有说完,"然公提剑起义兵,为百姓除暴,推诚仗信以招俊杰,犹惧其未也。今备有英雄名,以穷归己而害之,是以害贤为名,则智士将自疑,回心择主,公谁与定天下?夫除一人之患,以沮四海之望,安危之机,不可不察!"简而言之,刘备为人雄,固然当杀以绝后患,但现在还不是时候。郭嘉最后劝曹操"早为之所"。有了郭嘉的话,曹操没杀刘备,刘备再次幸运地活了下来,但是,后来曹操因为没记清郭嘉的话在对待刘备的问题上犯了一个重大的错误。

这时候,曹操也没空搭理刘备这个潜在的危险,因为他业已将吕布这个宿敌,提到了日程表上来了。

曹操表刘备为豫州牧,派他到小沛附近收集散卒,给他军粮,让他帮着应付吕布。刘备也知道,一旦自己又招起兵来,势必又会牵动吕布的视线,与吕布再战的结果难免。果不其然,吕布立即遣高顺带兵攻打,结果和上次一样,刘关张再次战败。曹操又派夏侯惇增援刘备,亦为高顺打败。这两场仗都是刘备军充为炮灰,虽然两次皆败北,但也消耗了吕布的一部分主力。在此期间，曹操也与其谋士，制定出最后讨伐吕布的方案。

与此同时，袁术于寿春僭号称帝。袁术因前次吕布自毁婚约，十分恼怒，遂派遣大将张勋等以步骑数万，兵分七路攻击吕布。吕布听从陈珪之计，瓦解袁术诸军，大败张勋，张勋落荒而逃。随后，吕布又进军寿春，水路并进，一直追至钟离附近。所过之处竟相掠夺，并留下书信，对袁术羞辱一番。袁术无奈退守至淮水之南，吕布之军隔水对袁术大加嘲笑。

而远在江东的孙策听闻袁术僭号称帝，便令谋士张纮作书对袁术深加斥责。其中有九条不可僭号称帝的理由："当与天下合谋，以诛丑类。舍而不图，有自取之志，非海内所望，一也；幼主非有恶于天下，徒以春秋尚少，胁于强臣，若无过而夺之，二也；董卓虽狂狡，至废主自与，亦犹未也，而天下闻其桀虐，攘臂同心而疾之……今四方之人，皆玩敌而便战斗矣，可得而胜者，以彼乱而我治，彼逆而我顺也。见当世之纷若，欲大举以临之，适足趣祸，三也；天下神器，不可虚干，必须天赞与人力也。殷汤有白鸠之祥，周武有赤乌之瑞，汉高有星聚之符，世祖有神光之征，皆因民困悴于桀、纣之政，毒苦于秦、莽之役，故能芟去无道，致成其志今天下非患于幼主，未见受命之应验，而欲一旦卒然登即尊号，未之或有，四也；天子之贵，四海之富，谁不欲焉？义不可，势不得耳。陈胜、项籍、王莽、公孙述之徒，皆南面称孤，莫之能济。帝王之位，不可横冀，五也；幼主岐嶷，若除其逼，去其鲠，必成中兴之业……纵使幼主有他改异，犹望推宗室之谱属，论近亲之贤良，以绍刘统，以固汉宗。

皆所以书功金石，图形丹青，流庆无穷，垂声管纮。舍而不为，为其难者，想明明之素，必所不忍，六也；五世为相，权之重，势之盛，天下莫得而比焉。忠贞者必曰宜夙夜思惟，所以扶国家之踬顿，念社稷之危殆，以奉祖考之志，以报汉室之恩。其忽履道之节而强进取之欲者，将曰天下之人非家吏则门生也，孰不从我？四方之敌非吾匹则吾役也，谁能违我？盍乘累世之势，起而取之哉？二者殊数，不可不详察，七也；所贵于圣哲者，以其审于机宜，慎于举措。若难图之事，难保之势，以激群敌之气，以生众人之心，公义故不可，私计又不利，明哲不处，八也；世人多惑于图纬而牵非类，比合文字以悦所事，苟以阿上惑众，终有后悔者，自往迄今，未尝无之，不可不深择而熟思，九也。"

就是说，袁术四世三公，本该为朝廷讨逆贼，而献帝也无过错，又没有改朝换代的迹象，却行此篡逆之事，实是不智之举。而曹操又表孙策为讨逆将军，封吴侯，使袁术成了南北无援之势。

建安二年（公元197年）秋九月，曹操亲自率军东征袁术。袁术听闻曹操前来，自知不敌，"弃军走，留其将桥蕤、李丰、梁纲、乐就"，但这四人都不是于禁的对手，于禁连斩四将。此时的袁术，众叛亲离，府库空虚，穷途末路之下，只能烧其宫室，投奔其部下雷薄、陈兰，但二人拒绝接纳袁术。袁术无法，又遣使至袁绍处，书云："禄去汉室久矣，天下提挈，政在家门。豪雄角逐，分割疆宇。此与周末七国无异，唯强者兼之耳。袁氏受命当王，符瑞炳然。今君拥有四州，人户百万，以强则莫与争大，以位则无所比高。曹操虽欲扶衰奖微，安能续绝运，起已灭乎！谨归大命，君其兴之。"（《后汉书·袁术传》）自己做不了皇帝，让给别人不如让给自家人。而袁绍早就向往着自己做皇帝，当他接到袁术这封信时，"阴然其计"。

袁术走投无路之下，想北至青州投靠袁绍的儿子袁谭。曹操派遣刘备及朱灵阻击，袁术不得北行，只能再折回寿春。到了江亭，问厨子现在的粮食状况，被告知只有麦屑三十斛。而当时正值盛暑，袁术想弄点蜂蜜冲水喝，也没法弄到。袁术看到自己现今如此惨状，坐在床上叹息良久，忽而大叫一声："袁术至于此乎！"一头倒在床下，呕血而死。东汉末年的落魄霸主竟是如此下场。